Carl J.R. Doehn

Der Bonapartismus und der deutschfranzösische Conflict vom Jahre 1870

Eine historische Studie

Carl J.R. Doehn

Der Bonapartismus und der deutschfranzösische Conflict vom Jahre 1870
Eine historische Studie

ISBN/EAN: 9783743698192

Hergestellt in Europa, USA, Kanada, Australien, Japan

Cover: Foto ©ninafisch / pixelio.de

Weitere Bücher finden Sie auf **www.hansebooks.com**

Der Bonapartismus

und der

deutsch-französische Conflict

vom Jahre 1870.

Eine historische Studie

von

Rudolph Doehn,

Verfasser des Buchs: „Die politischen Parteien in den Vereinigten Staaten von Amerika."

> „Für deutsche Freiheit muß u wir steh'n —
> Sei's nun in Staubes Schoo߬,
> Sei's oben auf des Sieges Höh'n;
> Wir pie jen e Loos."
>
> Theodor Körner.

Leipzig

Verlag von Otto Wigand.

1870.

Dem

deutschen Volk in Waffen

gewidmet

vom Verfasser.

Vorwort.

Während wir diese Worte schreiben, ertönt der Jubel über die am 6. August d. J. bei Wörth und Saarbrück errungenen Siege durch ganz Deutschland. Möchten diesen Siegesnachrichten bald neue und entscheidendere Siege nachfolgen!

Das Germanenthum hat sich mit dem Romanenthum mit dem Schwert in der Faust gemessen und einen glänzenden Triumph davon getragen. — Der Thron der Napoleoniden wankt; ihr baldiger Sturz ist unvermeidlich. —

Den blutigen Decembermann wird die Strafe für seine tausendfachen Verbrechen ereilen. —

Europa wird erlöst werden von dem lastenden Drucke des meineidigen Tyrannen und Friedensstörers. —

Freiheit und Frieden werden ihren Einzug halten, wenn die Fürsten und die Völker von Deutschland und von Europa ihre Schuldigkeit thun. —

Wir haben, wie kundige Leser bemerken werden, bei der nachstehenden Studie wesentlich die Werke von P. Lanfrey, Jules Barni und Eugen Ténot benutzt und werden uns freuen, wenn wir dadurch etwas zur Verbreitung dieser vortrefflichen Werke in Deutschland beigetragen haben. —

Wir geben uns der zuverlässigen Hoffnung hin, daß der gegenwärtige Krieg die blutige Geburt der ersehnten Zwillingsschwestern, der Einheit und Freiheit Deutschlands, sein wird.

Dresden, den 7. August 1870.

Rudolph Doehn.

Vorbemerkungen.

Wiederum hat ein Bonaparte, der durch Verrath und List, Trug und Mord den Thron Frankreichs in Besitz nahm, in der rücksichtslosesten und frivolsten Weise dem deutschen Volke einen Krieg angeboten, der, wenn die Nemesis der Geschichte das schuldige Haupt nicht bald ereilt, einen furchtbaren Weltbrand entzünden kann. Es liegt aber im Wesen des Napoleonismus, es ist sein dämonisches Erbtheil, daß er sich nur in seiner geraubten Machtfülle erhalten kann, wenn er über Blut und Leichen, durch Völkerverrath und Freiheitsmord wilde Triumphe zu feiern im Stande ist. Am Schlusse des achtzehnten und beim Beginne des neunzehnten Jahrhunderts war es Napoleon I., der, auf den Trümmern der ersten französischen Revolution stehend, in drei Welttheilen — in Europa, Afrika und Amerika — die Völker gegen einander hetzte und mit dem „Genie des Wahnsinnes" von der Eroberung der ganzen Welt träumte. Nur wenige Länder gab es in Europa, die er nicht mit seinen Heerschaaren durchzog und mit Schutt und Leichen erfüllte.

> „Den Gott zu spielen
> War der im Stand,
> Der vor so vielen
> Geehrt und prächtig
> So viel vermochte;
> Doch unterjochte
> Er jedes Recht;
> Er war allmächtig
> Und war so schlecht!"

Und dennoch ist die Zahl Derer nicht gering, die noch heute in gedankenloser Bewunderung staunend zu dem korsischen Tyrannen emporblicken, der im verdammenswerthesten Egoismus mit fluchwürdiger Grausamkeit und raffinirter Heuchelei den Wahlspruch eines Richard III.:

„I am I," d. h. Ich bin allein ich selbst, zu dem seinigen machte. Nicht bloß in Frankreich, dessen Bevölkerung er mit dem verführerischen Nimbus kriegerischen Ruhmes blendete, obschon er dessen Söhne zu Hunderttausenden zur Schlachtbank führte, um seiner unersättlichen, wahnwitzigen Eroberungssucht Genüge zu leisten, auch in den anderen Ländern diesseit und jenseit des Oceans finden sich noch immer Menschen genug, die, als blinde Anbeter des momentanen Erfolges, in dem moralischen Ungeheuer ein großes, bewundernswerthes Genie zu erkennen glauben. Allein in der letzten Zeit mehren sich die Stimmen in gewichtiger und nachhaltiger Weise, die der Geschichte ihr Recht geben und Napoleon I., den blutgierigen Mörder Enghien's und Rodio's, Palm's und Hofer's, als den Vernichter der Republik und fluchwürdigen Unterjocher der Völker vom Nil bis an die Nordsee, vom Tajo bis in die übereisten Felder Rußlands schildern.

> „Nun schreibt der Richter
> Ihm jede That an:
> Zu allen Fristen
> Gewalt und Listen,
> Meineidig Spiel:
> Er ist ein Satan,
> Die Maske fiel." —

Auch Napoleon III., dem famösen Helden von Straßburg und Boulogne, ist es gelungen, nachdem er — dem Beispiele seines Onkels folgend — ein Mörder der Republik in Frankreich geworden war und sich blut- und fluchbedeckt in die Reihen der regierenden Häupter Europas eingedrängt hatte, lange Zeit als das „Orakel an der Seine", als „der Retter der Gesellschaft" und ein Ausbund politischer Weisheit die mit Furcht und Haß gemischte Bewunderung der Welt zu erregen, ebenfalls allerdings jener Welt, welche den mit Blut und Mord, Meineid und Lüge errungenen Erfolg anbetet. Auch von ihm gilt, was der mehrfach citirte Dichter sagt:

> „Den Volksbezwinger
> Grüßt sein Geschlecht
> Mit blut'gem Finger,
> Der Missethäter
> Zahlreiche Schatten:
> Gefall'ne Gatten
> Von Frau'n bestrickt,
> Erwürgte Väter
> Im Bett erstickt."

Es liegt nahe und die gegenwärtigen Verhältnisse fordern geradezu dazu auf, daß man eine Parallele zwischen dem ersten napoleonischen

Kaiserreich und dem Epigonen-Empire zieht. Der 2., 3. und 4. Dezember 1851 sind eine vollkommene Wiederholung des 18. und 19. Brumaire 1799; auch die Kriege, Friedensschlüsse, Ländererwerbungen u. s. w. des zweiten französischen Kaiserreichs gleichen vollkommen den Kriegen, Friedensschlüssen und Ländererwerbungen, die von Napoleon I. ausgingen. In der innern und äußern Politik, in Krieg und Frieden erscheint der Neffe als eine Copie des Onkels, nur mit dem Unterschiede, daß dieser mehr dem römischen Cäsar, jener mehr dem Augustus ähnlich ist.

Es ist nun nicht unsere Absicht, in dem Nachstehenden die genannte Parallele bis in alle Details zu verfolgen; wir wollen vielmehr nur einige der wesentlichsten Punkte hervorheben, um zu beweisen, daß der alte und der neue Bonapartismus eine beispiellose Aehnlichkeit haben, daß sie zum Aufbau ihrer Macht dieselben Bausteine und dasselbe Material benutzten, als da sind: Heuchelei, Verrath, Mord, Blut und Leichenhaufen, daß sie ihre Gewalt nur erhielten durch List und Meineid, Betrug und Lüge, Korruption und Schrecken, daß sie — selbst gewissenlos — sich mit den gewissenlosesten, weltlichen und geistlichen Schurken und Handlangern umgaben, daß sie — auf die Dummheit und den Eigennutz spekulirend — in socialen, kirchlichen und politischen Dingen den krassesten Despotismus, die gemeinsten Verbrechen und die blutgierigste Tyrannei als die Basis ihrer Herrschaft ansahen, und daß sie, Treu und Glauben mit Füßen tretend, den rohesten Militarismus ins Leben riefen und sich den Fluch und Haß aller Edlen, aller Freiheits- und Menschenfreunde verdienten, jenen

"Kräftigen Haß, den immerdar das Laster
In tugendhaften Seelen wecken soll."

Zum Schlusse wollen wir dann, an der Hand geschichtlicher Thatsachen, die unerhörte Frivolität beleuchten, womit im Jahre 1870 der wankende Bonapartismus den deutsch-französischen Konflikt hervorrief und Veranlassung zu einem Kriege gab, der die friedliebenden Völker von Deutschland und Frankreich gegen einander in die Waffen rief und ganz dazu angethan war, unsägliches Elend über Europa und die ganze civilisirte Welt heraufzubeschwören.

Die Zeit ist gekommen, wo die Welt von dem Alp des Bonapartismus und dem durch ihn hervorgerufenen Cäsarismus, der das Mark der Völker aussaugt, überall auf die eine oder die andere Weise befreit werden muß.

Erstes Kapitel.
Bruchstücke aus der Geschichte Napoleon's I.

> „Das wahre moralische Gefühl in Bezug auf die Verbrechen öffentlicher Charaktere ist noch erst zu schaffen."
> **William Ellery Channing.**

Alle sogenannten Großthaten und glänzenden Triumphe, welche zunächst und vor allen Dingen einer eitlen Herrschsucht und einem selbstsüchtigen Ehrgeize entspringen, verdienen in Wahrheit nicht als unsterbliche Ruhmesthaten gefeiert zu werden. Jene welthistorischen Individuen, welche zur Befriedigung ihrer hochstrebenden Sonderinteressen die Freiheit und den Frieden der Völker, das Gedeihen und Wohlergehen der Staaten, das Glück und die Tugend der Einzelnen in gewissenlosem Uebermuthe zum Opfer bringen, sie sind — mögen ihre Namen noch so tief auf den Tafeln der Geschichte eingegraben sein — in der That keine großen Männer, keine Heroen, sie sind vielmehr Uebelthäter und Bösewichter, Verbrecher und Sünder an dem heiligen Geiste der Freiheit und Wahrheit, der sich in der Entwickelungsgeschichte der Menschheit offenbart. Die Leidenschaften, welche die Brust solcher Menschen füllen und sie vielleicht zu himmelstürmenden Thaten antreiben, sind nicht die lichten Fulgurationen des wahren Genies, welches für die Größe und das Heil der Menschheit arbeitet und deshalb selbst groß und erhaben für alle Ewigkeit dasteht, nein, sie sind nur unleugbare und unvertilgbare Dokumente einer innern Knechtschaft des eigenen, in Wahrheit sehr kleinen und verächtlichen Geistes, der sich nur befriedigt fühlt, wenn die ganze ihn umgebende Welt ihm unterthan ist, mithin ebenfalls in Knechtschaft und Sklaverei gefangen liegt. Zu diesen Menschen zählen aber die Bonapartes, namentlich Napoleon I., der — wir leugnen es nicht, obschon wir es beklagen — bis auf die neueste Zeit herab nicht bloß in Frankreich, sondern auch in anderen, von ihm schwer heimgesuchten Ländern, nahezu einen napoleonischen Götzendienst hervorzurufen verstand. Und in der That, die Geschichte Napoleon's I. bietet uns, wie der Franzose Jules Barni sagt, einen Gegenstand des Studiums dar, wie wir in dem Buche der ganzen Weltgeschichte kaum einen außerordentlicheren verzeichnet finden. „Wo ist wirklich wohl," sagt der genannte Schriftsteller, „ein wunderbareres Geschick zu finden, als das dieses Mannes (Napoleon's), der sich vom einfachen Artillerie-Officier zum unumschränkten

Gebieter Frankreichs aufschwang, der Europa mit dem Schrecken seiner Waffen füllte, der den durch die Stürme der Revolution hinweggefegten Thron wieder aufrichtete, um sich als Kaiser darauf zu setzen, der den Raub der eroberten Länder an seine Brüder und Waffengefährten als an dienstpflichtige Vasallen austheilte, der im 19. Jahrhundert den Traum einer Weltmonarchie zu verwirklichen trachtete, der endlich den Streichen aller gegen ihn verbündeten europäischen Mächte unterlag, der sich zur Abdankung gezwungen und von der eben noch besessenen Herrschaft über Frankreich und Europa auf die Insel Elba heruntergebracht sah, der von dort bald genug entkam, um einen Augenblick wieder in den Tuilerien zu erscheinen, dann aber, aufs neue besiegt, als Verbannter und Gefangener auf einem Felsen im atlantischen Ocean endete und einen Namen, so berühmt wie nur immer die Namen Alexander und Cäsar, hinterließ, einen jener Namen, welche, wie er selbst auf St. Helena von dem seinigen sagte, in dem Munde und der Phantasie aller Welt leben?" — Und dennoch war Napoleon I. in mancher Hinsicht nur „ein Theil von jener Kraft, die stets das Böse will und stets das Gute schafft," indem er eben so schlechte und verworfene, wenn auch schwächere Menschen, als wie er einer war, stürzen und längst verrottete Institutionen umwerfen half, so daß — allerdings sehr gegen seinen Willen — an vielen Orten ein frischeres, freieres Leben aus den Ruinen hervorsprießen konnte. —

In demselben Jahre, wo die korsischen Patrioten unter dem kühnen Pascal Paoli, der seine Geburtsinsel von der Herrschaft der Genuesen befreit hatte, von den Franzosen besiegt wurden, ward auf Korsika derjenige geboren, der in wenigen Decennien der Herr und Gebieter der Mächtigen der Erde werden sollte. Napoleon Bonaparte erblickte das Licht der Welt am 15. August 1769, zwei Monate nach der Unterwerfung der Insel. Unter den Gefährten Paoli's hatte sich in erster Linie Carlo Bonaparte, der Vater Napoleon's, hervorgethan. Die Bonapartes stammten aus Italien, wo noch Abkömmlinge von ihnen lebten und wo sie sich zur Zeit der italienischen Republiken eine gewisse Berühmtheit in politischen Dingen, wie in den Wissenschaften erwarben. Die Bürgerkriege, welche Florenz zerrissen, trieben einen Zweig der Bonapartes nach Korsika, dennoch blieben die korsischen Bonapartes stets mit dem Lande, wo ursprünglich ihre Wiege gestanden, in Verbindung; sie besaßen ein wunderbares Gemisch italienischer und korsischer Eigenschaften und verriethen gar deutlich die Spuren jener feinorganisirten, kraftvollen Race, der ein Macchiavelli entsproß. Als Paoli Korsika verließ, um nach England zu gehen, mußte sich Carlo Bonaparte, der kurz zuvor Lätitia Ramolino, eine Frau von seltener Schönheit, geheirathet hatte, die seine

Gefahren theilte, als sie Napoleon bereits unter dem Herzen trug, mit der Mehrzahl seiner Mitbürger Frankreich unterwerfen, und er verstand es mit überraschender Geschmeidigkeit, sich bei der französischen Administration in Gunst zu setzen. Uebrigens wurde der Kampf gegen Frankreich noch mehrere Jahre hindurch von einzelnen Patrioten auf Korsika fortgesetzt, die sich in die bergigen Schluchten der Insel zurückgezogen hatten und deren zäher Widerstand nur in ihrem Blute erstickt werden konnte. —

Inmitten dieses kriegerischen Inselvolkes, das besiegt, aber nie ganz gebändigt war, inmitten dieser bald unterdrückten, bald mit der ganzen Wildheit des korsischen Temperamentes ausbrechenden Leidenschaften, wuchs der junge Napoleon auf und hatte als Kind den Todeskampf der Unabhängigkeit seines Heimathlandes vor Augen. „Ich wurde geboren, als mein Vaterland starb," schrieb er 1789 an Paoli, zu dem er längere Zeit, wie zu einem Ideale, emporschaute, „das Geschrei der Sterbenden, die Wehklagen der Unterdrückten, die Thränen der Verzweiflung umgaben meine Wiege seit der Stunde meiner Geburt." Im Schooße wilder, politischer Stürme geboren, wurde er früh mit ihren Erschütterungen vertraut, und die Kaltblütigkeit, die er später im blutigen Chaos der Revolution bewies, hatte er wohl zum nicht geringen Theile dem Umstande zu verdanken, daß schon von seiner frühesten Jugend an sein Ohr rauhes Kampfgetümmel vernahm und sein Auge sich an blutige Kriegsscenen gewöhnte. „Wie Achilles war auch er als Kind in den Styx getaucht," — kein Wunder, daß der Mann eine dämonische Natur erhielt. —

Die vielfachen Erinnerungen an den korsischen Unabhängigkeitskrieg, die aufregenden Erzählungen Derer, die ihn geführt, die rachedurstigen Flüche des unterdrückten Patriotismus und vor Allem die fast schon sagenhaft gewordenen Thaten des muthigen Paoli, des kriegerischen Gesetzgebers — einer antiken Gestalt, die sich in das 18. Jahrhundert verirrt hatte — waren die erste Nahrung für die junge, glühende Phantasie des korsischen Knaben. Eindrücke dieser Art prägten sich seiner Seele ein, beherrschten seine Jugendempfindungen, entzündeten seine Leidenschaften und gaben ihm außerordentlich früh eine düstere, ernste Richtung. Schon als Kind nahm er an gewagten Unternehmungen Theil, denen er sich mehr instinktmäßig anschloß, als daß er sie mit dem Verstande vollkommen begriff. Er wohnte geheimen und öffentlichen Auftritten bei, die seinem Blicke frühzeitig in erschütternder Weise alle Extreme des Menschenlebens enthüllten, er lernte die kriegerischen und politischen Leidenschaften in einem Alter kennen, wo sich Andere vornehmlich) für Spielsachen interessiren, und ist vielleicht so schnell mit dieser Leidenschaft fertig geworden, weil er so früh in sie eingeweiht wurde. Die vulkanische Natur Korsika's spiegelte sich treu in dem Wesen Napoleon's wieder. Als der elfjährige Knabe eben in Brienne angekommen war, um das Kriegshandwerk zu erlernen, und in einem der Schulsäle das Bild Choiseul's erblickte, der das Unglück seines Vaterlandes verursacht, redete er dasselbe zornig an und war empört, das Portrait eines solchen Mannes in Brienne zu finden. Als er etwas später von seinem verstorbenen Vater sprach, erklärte er, daß er es ihm nicht verzeihen könne, Paoli's Schicksal nicht bis in's Exil getheilt zu haben. Vergl. P. Lanfrey's „Geschichte Napoleon's des Ersten"; aus dem Französischen von C. von Glümer, Bd. I. S. 25 ff. —

Wie sehr aber Napoleon's Natur, trotz seiner patriotischen Anwandlungen für die Sache Korsika's, schon früh zum Verrathe neigte, beweist die Thatsache, daß er im Jahre 1793 sich im Interesse Frankreichs in eine Verschwörung einließ, deren Zweck war, die Citadelle von Ajaccio zu überrumpeln und die Stadt den Franzosen zu überliefern. Allein die Verschwörung mißlang; sein Vaterhaus wurde von den korsischen Patrioten dem Erdboden gleich gemacht, er selbst wurde als Vaterlandsverräther geächtet und konnte nur mit Mühe sich, seine Mutter und seine Geschwister nach Marseille retten. So schmachvoll aus seiner Heimath verjagt, schämte er sich nicht, den edlen Paoli, das Idol seiner Jugend, in einer Schrift „Le souper de Beaucaire" betitelt, in lügenhafter Weise mit Schmutz zu bewerfen. Zugleich vertheidigte er in dieser Schrift, obschon — wie er selbst wiederholt zugestanden hat — seine Sympathien auf Seiten der Girondisten waren, die Schreckensmänner der Bergpartei und deren Verfahren, indem er zu dem ewigen Sophismus seine Zuflucht nahm, mit dessen Hülfe man jederzeit alle Gewaltstreiche gerechtfertigt hat, daß das Heil und die Unverletzlichkeit des Vaterlandes auch die größten Schandthaten rechtfertige. Als ein Beweis, daß seine Natur schon in ganz früher Zeit zu jeder Grausamkeit geneigt war, mag nachstehender, wohlverbürgter Vorfall dienen. Es gab eine Zeit, wo Napoleon nicht frei war von den Einflüssen der Ideen Jean Jacques Rousseau's; er affektirte sogar damals eine stoische Gleichgültigkeit gegen alles Aeußere und zeigte dies z. B. in der Vernachlässigung seiner Kleider. Um diese Zeit (1786) schrieb er, scheinbar oder wirklich philanthropischen Schwärmereien hingegeben, die von der Akademie zu Lyon gekrönte Preisschrift: „Discours sur les vérités et les sentiments qu'il importe le plus d'inculquer aux hommes pour leur bonheur." Als er sich nun eines Tages, bald nach der Veröffentlichung dieser

Schrift, mit einer Dame unterhielt, die Turenne wegen der grausamen Verwüstung der Pfalz harte Vorwürfe machte, antwortete er ganz ruhig: „Nun, meine Theure, was liegt daran, wenn dieser Brand und diese Grausamkeiten für seine Entwürfe nothwendig waren?"—

In dieser Antwort erkennen wir bereits den Menschenschlächter, der mit der größten Kaltblütigkeit Hunderttausende, ja Millionen von Menschen hinmetzeln ließ, nur seines ungemessenen Ehrgeizes, seiner Herrschsucht und seiner fixen Idee wegen, der Herrscher der Welt zu werden. „Im Jahre 1813," erzählt General Lafayette in seinen Memoiren (Tome V. p. 400, note), „sagte der Kaiser Napoleon, da er im Beisein mehrerer Hofleute sich mit Herrn v. Fontanes über die großen Männer des Alterthums und der Neuzeit unterhielt: Cäsar war nichts weiter, als ein Held; er handelte nach Gemüthseingebungen, überließ sich seiner Einbildungskraft und hat sich den Mörderdolchen preisgegeben. Augustus war ihm weit überlegen und ein wahrhaft großer Mann; er verstand **grausam zu sein, wenn es noth that, und gnädig, wenn das für seine Lage paßte**. Er war ein wahrhaft politischer Kopf, der sich darauf verstand, **den Leuten Dinge einzureden, an die er selbst nicht glaubte, und Gesinnungen zur Schau zu tragen, die ihm gänzlich fremd waren**."

So faßte Napoleon I. den Begriff des „großen Mannes" auf; und man muß gestehen, daß es ihm meisterhaft gelang, durch Grausamkeit, Betrug und Heuchelei sich den Namen des „Großen" zu verdienen, — nur Schade, daß die Weltgeschichte für Menschen dieser Art den Beinamen des „Großen" nicht bereit hält. Mit Recht sagt Lanfrey a. a. O. S. 44: „Es ist nicht zu leugnen, daß in Bonaparte, sobald die Geschichte von ihm Besitz ergreift, Berechnung und Ehrgeiz über alle anderen Triebfedern den Sieg davontragen. Wir sehen ihn — frei von jedem Gewissensscrupel, frei von jeder tieferen politischen Leidenschaft, auf dem besten Fuße mit den Siegern, ohne den Besiegten feindlich zu sein, losgelöst von allen großherzigen Illusionen von ehemals — das unbegrenzte Feld der Thätigkeit überschauen, das sich ihm öffnet. Der Auserwählte des Ruhmes hat nur noch einen Rathgeber: seinen unersättlichen Ehrgeiz; nur noch ein Gesetz: sein eigenes Ideal von Größe und was er selbst „die Umstände" zu nennen pflegt, d. h. die vollendeten Thatsachen, das Glück, den Erfolg." —

Wie Napoleon I. Paoli und die korsischen Patrioten verrieth, so verließ er die Partei der Schreckensmänner, als der 9. Thermidor (27. Juli) 1794 die Macht der terroristischen Demokratie brach, und half dem Direktorium, an dessen Spitze der elende Barras stand, am

13. Vendémiaire (5. Oktober) 1795 die Sektionen von Paris niederschmettern. Der 13. Vendémiaire lieferte aber zuerst den Beweis, von welchem Gewichte der Degen eines Soldaten zu sein vermochte; er gewöhnte die Regierung daran, wesentlich auf die Armee zu zählen, und die Armee, sich der Regierung zu bedienen — mit einem Worte, er vernichtete die **Volksherrschaft** und bahnte der **Militärherrschaft**, dem **Cäsarismus** die Wege. Vergl. H. v. Sybel, „Geschichte der Revolutionszeit von 1789—95. Bd. III. S. 468—478. —

Der 13. Vendémiaire verhalf aber auch Napoleon zu dem Oberbefehl über die italienische Armee und zur Heirath mit Frau von Beauharnais. Gemeiniglich wird behauptet, daß Napoleon zu Josephine v. Beauharnais eine wirklich tiefe Neigung gehabt habe; wenn so, so bleibt es doch immerhin sonderbar, daß er sowohl bei Eingehung seiner Civilehe am 9. März 1796, wie bei seiner spätern kirchlichen Trauung durch den Cardinal Fesch mit Betrug und Hinterlist verfuhr. Vergl. Lanfrey, a. a. O. S. 79. Jules Barni, „Napoleon I. und sein Geschichtschreiber Thiers," übersetzt von A. Ellissen, S. 95 und S. 247 ff. Gemein war es jedenfalls, daß Bonaparte, als er während seines Feldzuges in Aegypten mit der Gattin eines seiner Officiere eine intime Verbindung geschlossen hatte, verlangte, daß sein Stiefsohn Eugen, der als Adjutant bei ihm in Funktion stand, ihn auf seinen Spazierfahrten mit dieser Frau begleitete. Da derselbe sich weigerte und um seine Versetzung an ein Regiment nachsuchte, um der schiefen Lage zu entgehen, in welche er durch die so öffentlich zur Schau getragene Liebschaft seines Stiefvaters gerieth, so überließ sich Bonaparte einem heftigen Zornausbruche gegen ihn. Vergl. „Mémoires du prince Eugène," t. I. p. 45. Später, als er sich von der Gefährtin seines Lebens trennen wollte, um eine österreichische Erzherzogin zu heirathen, wählte er Josephinens eigenen Sohn, eben diesen Eugen, zum Vermittler. Er berief ihn eigens zu diesem Zwecke, ohne ihm jedoch irgend eine vorläufige Andeutung darüber zu geben, aus Italien nach Paris, ertheilte ihm den Auftrag, Josephine zu dem Opfer, das er von ihr verlangte, zu bewegen, und nöthigte ihn, seinen Platz im Senat an dem Tage einzunehmen, da man diesem Staatskörper die Auflösung der Ehe seiner Mutter officiell bekannt machte. Bekanntlich wurde dem Prinzen Eugen auch die Rolle des förmlichen Freiwerbers um die Hand der Erzherzogin Marie Louise für den gewesenen Gatten seiner Mutter anvertraut. Vergl. „Mémoires du prince Eugène, t. VI. p. 292. Thibaudeau, „Histoire du consulat et de l'empire," chap. 67. —

Napoleon besaß in hohem Grade das Talent, durch phrasenhafte und volltönende Proklamationen seine Soldaten zu elektrisiren und eine wilde Ruhmbegierde in ihnen zu wecken. Aber der Ruhm, wie er ihn seinen Soldaten darstellte, hatte nichts von der Bedeutung behalten, welche die Neuzeit und besonders die Revolution mit diesem Worte verband. Es war, wie Lanfrey treffend hervorhebt, der Ruhm, wie ihn die Eroberer des Alterthums verstanden; ein Ruhm, der die Menschen zu besiegen, zu unterjochen, zu blenden strebt, statt sie zu erheben und zu fördern; ein Ruhm, der die Siege der Gewalt, nicht die Eroberungen der Civilisation ins Auge faßt, und sich zu seinen Zwecken des Zwanges, der List, der Einschüchterung bedient, anstatt die moralischen Kräfte, die Mitwirkung der edelsten Regungen der Menschenseele zu Hülfe zu rufen. Zwischen diesen beiden Auffassungen des Ruhmes liegt die ganze weite Kluft, die einen Bonaparte von einem Washington trennt. In seinen Proklamationen, womit er den Krieg in Italien im J. 1796 begann, appellirte er nicht mehr an den Patriotismus der französischen Krieger, sondern an ihren Ehrgeiz; der Krieg, den er ankündigte, war kein Freiheitskrieg mehr, sondern ein Eroberungszug. So geschah es, daß er gar bald die Soldaten der Republik in die Soldaten des Kaiserreichs verwandelte; in den Gemeinen erweckte er eine Beutegier, die in den modernen Kriegen ohne Beispiel ist; in den Anführern entzündete er einen Ehrgeiz und eine schwer zu stillende Habsucht, deren Konsequenzen nur beklagenswerth und schließlich für ihn selbst verhängnißvoll waren. Die als „Befreier der Völker" angekündigten Eindringlinge entpuppten sich gar bald als zügellose und raublustige Unterdrücker; der Politik der Eroberung gesellte sich im Handumdrehen die Politik des Raubes und der Plünderung bei. —

Wie Napoleon I. lange Zeit Frankreich gegenüber in äußeren Dingen die republikanischen Formen beibehielt, so verfuhr er auch den italienischen Republiken gegenüber. Während er z. B. die Republik Venedig in Wirklichkeit mit großer Grausamkeit und Unbarmherzigkeit behandelte, ließ er noch längere Zeit den Namen der berühmten Republik bestehen. Er war ein Meister in der Doppelzüngigkeit. Dem General Gentili, den er beauftragte, sich der venetianischen Flotte zu bemächtigen und die jonischen Inseln in Besitz zu nehmen, schrieb er: „Sie werden so schnell und so heimlich, als möglich, aufbrechen; Sie werden Sorge tragen, als Verbündeter der Republik Venedig aufzutreten, und werden das Menschenmögliche thun, um das Volk für uns zu gewinnen, da wir uns als Herren behaupten müssen. Wenn sich die Bewohner des Landes der Freiheit zuneigen, schmeicheln Sie dieser Neigung und versäumen Sie nicht, in Ihren

Proklamationen von Griechenland, Sparta und Athen zu sprechen." In der niederträchtigsten Weise überlieferte er endlich Venedig im Frieden zu Campo Formio am 17. Oktober 1797 an Oesterreich; denn was er später auf St. Helena über seine Politik gegen Venedig schrieb, ist eitel Lüge. Als der Ex-Doge Manin im Namen seiner Mitbürger dem Kaiser von Oesterreich den Eid der Treue leisten sollte, verstand er sich dazu mit zerrissenem Herzen. Aber im Augenblick, als er vortrat, um die verhängnißvolle Formel auszusprechen, sah man ihn schwanken, und von Schmerz und Scham überwältigt, stürzte er — wie vom Blitz getroffen — leblos zu Boden. So unterlag die Republik Venedig; doch das venetianische Volk ist nicht mit ihr gestorben; das Verbrechen, welches Napoleon I. an ihm beging, ist gesühnt worden im Jahre 1866, wesentlich durch preußische Tapferkeit. Vergl. Lanfrey, a. a. O. Bd. I. S. 220 ff. und S. 276. —

Der 18. Fructidor (4. September) 1797, ein Gegenschlag der von Frankreich in Venedig begangenen Rechtsverletzungen, wie Lanfrey denselben auffaßt, demoralisirte die französische Republik immer mehr und darf wohl als ein Vorläufer des 18. Brumaire angesehen werden. Schon um diese Zeit fanden massenhafte Deportationen nach Cayenne, jener „trockenen Guillotine", statt. —

Von dem tollkühnen Unternehmen nach Aegypten, von wo aus Napoleon I. die Thore Indiens öffnen und die Seemacht Englands brechen wollte, von seinem Zuge nach Syrien, von wo er nach Konstantinopel zu marschiren beabsichtigte, um — wie sein eigener Ausdruck lautet — „Europa von hinten zu packen", im Vorüberziehen die österreichische Monarchie zu zerstören und als der glänzendste Triumphator, den die Menschheit je gesehen, nach Frankreich zurückzukehren, — von diesem Allem wollen wir hier schweigen. Es genügt zu bemerken, daß er am 9. März 1799 mit kaltem Blute 2500 gefangene Muselmänner theils erschießen, theils mit dem Bayonnette umbringen ließ, und daß er schließlich, nachdem er die Blüthe seines tapferen Heeres in dem unglücklichen syrischen Feldzuge zu Grunde gerichtet, in aller Stille seine furchtbar decimirten Truppen verließ, um in Frankreich das Ziel seines Ehrgeizes, d. h. die höchste Gewalt, zu erstreben. Wenn man, obschon dies von mancher Seite geschieht, die heimliche Abreise Napoleon's von Aegypten nicht als feige Desertion des ihm anvertrauten Heeres ansehen will, so war es doch unter allen Umständen eine eigenmächtige Handlung, die zur Erhöhung seiner Ehrenhaftigkeit keinenfalls beitrug. —

Kurz vor seiner Einschiffung, so berichtet Jules Barni a. a. O. S. 19 ff., sagte Bonaparte zum General Menou, der allein unter den zurückbleibenden Officieren in das Geheimniß seiner Abreise eingeweiht war: „Haltet ihr Andern euch hier nur gut, mein Lieber; wenn ich so glücklich bin, in Frankreich den Fuß ans Land zu setzen, so ist es aus mit der Herrschaft des Geschwätzes." So lautete die Sprache des von Herrn Thiers und dessen Gesinnungsgenossen bewunderten napoleonischen Patriotismus. Was Bonaparte die Herrschaft des Geschwätzes nannte, war jene freie Diskussion der Gesetze und Regierungsakte, welche die Würde der Staatsbürger und die Schutzwehr der bürgerlichen Freiheit ausmacht, welche die Revolution von 1789 bezweckte und die nach so vielen und entsetzlichen Stürmen doch allmählich eine feste und regelmäßige Gestalt zu gewinnen begann. Das war das theuer erkaufte Gut, das er seinem Vaterlande entreißen wollte. Fort mit der konstitutionellen Freiheit! Platz für das Soldatenregiment! „Mit der Herrschaft des Geschwätzes ist es aus," — das heißt: die Säbelherrschaft fängt an. —

Sicherlich ließ die Direktorialregierung und selbst die Verfassung, welche Bonaparte umstoßen wollte, vieles zu wünschen übrig. Weit entfernt, alle Beschuldigungen, welche der Urheber des 18. Brumaire (9. November) 1799 und seine gleich ihm bei der Verleumdung allzu interessirten Helfershelfer gegen das Direktorium richteten, zuzugeben, verhehlen wir uns mit Jules Barni doch seine Fehler und Schwächen so wenig, wie die Mängel der damals in Kraft stehenden Verfassung. Aber wie diese Regierung auch beschaffen sein mochte, so war sie jedenfalls eine konstitutionelle Regierung unter der bestregulirten und gemäßigtsten Form, in welcher man es bis dahin noch in Frankreich mit dem republikanischen System versucht hatte; und wäre Bonaparte von wahrem Patriotismus beseelt, ja, wäre er ein ehrlicher Mann gewesen, so würde er, statt die Direktorialregierung mit roher Waffengewalt zu stürzen und die bestehende Verfassung mit Füßen zu treten, sein Genie und seine Macht dazu gebraucht haben, die durch die Revolution erlangten republikanischen Einrichtungen zu stärken, zu verbessern und zu befestigen. Die Sache wäre für ihn nicht unmöglich gewesen, was er und Andere auch gegentheilig darüber gesagt haben; aber es paßte nicht in seine Rechnung: er wollte kein Washington sein, da er Cäsar werden konnte. Seinem Ehrgeize gelüstete nach der uneingeschränkten, höchsten Gewalt; den emporgekommenen Soldaten vermochte nichts Geringeres zufrieden zu stellen, als wenn er, wie einst Ludwig XIV., sagen konnte: Der Staat bin ich!

Im Bunde mit Sieyès, dem Mann der Kirche, vollbrachte Napoleon, der Mann des Schwertes, den Staatsstreich des 18. Brumaire; die Republik auf den Lippen, ihren Untergang im Herzen, so gründete er die Tyrannei des Konsulats. Die Staatsverfassung, die Verwaltung, die Justizpflege und die Presse wurden in despotischem Sinne umgeändert. „Man wird," wie Barni sagt, „bei dem Konsul Bonaparte die arcana imperii wiederfinden, die Tacitus bei den Nachfolgern Cäsar's und August's enthüllt." Nebst der Lüge und der Gewalt, sind die Bestechung und der Schrecken die Hauptaktionsmittel jeder Tyrannei. Diesen Mitteln verdankte Bonaparte vornehmlich das Gelingen des 18. Brumaire; sie dienten ihm auch dazu, den an diesem Tage eingeweihten Despotismus zu befestigen und demnächst das Kaiserthum zu installiren. Wenn rühmend hervorgehoben wird, daß durch den ersten Konsul das Gesetz gegen die Emigranten, ein Ueberbleibsel des terroristischen Aberglaubens, abgeschafft wurde, so war diese Maßregel doch weder so umfassend noch so großherzig, wie gewöhnlich angenommen wird. Wie Lafayette berichtet, wurde bald mit den nachgesuchten Streichungen von der Emigrantenliste „ein unanständiger Wucher" getrieben. Anstatt den von der Liste gestrichenen Emigranten ipso facto ihre nicht verkauften Güter zurückzugeben, wie es das Direktorium gethan hatte, behielt man sich unter dem Konsulat — begünstigt durch das Schweigen der Gesetzgebung über diesen Fall — das Recht vor, sie je nach Gefallen und Umständen zurück zu erstatten oder zu verweigern, oder sie auch stückweise und nach und nach zu restituiren, so daß man sich ein mächtiges Mittel der Beeinflussung erhielt. Wie in allen Dingen, so duldete Bonaparte eben auch hier kein festes Gesetz, keine gesicherten Verhältnisse: Alles sollte von seiner Willkür abhängen. Es versteht sich von selbst, daß das Briefgeheimniß nicht respektirt wurde; es wurden besondere Provokations-Agenten angestellt, welche zu gelegener Zeit Complotte anzetteln mußten, um Bonaparte Gelegenheit zur Repression und damit zur Anwendung seiner Abschreckungstheorie zu geben. Die Polizei wurde durch Fouché in ein vollkommenes Spionirsystem umgewandelt. Durch Stiftung von Dotationen und Dekorationen (Orden der Ehrenlegion) faßte man die Leute bei den beiden schlimmsten Triebfedern des menschlichen Herzens, der Habgier und der Eitelkeit. „Die Worte Vaterland und Freiheit, mit denen man noch vor Kurzem so große Verschwendung trieb," sagt Lanfrey, „verloren sich nach und nach aus den officiellen Erlassen, um den Worten: Treue, Ruhm und Ehre Platz zu machen." — Infolge des Attentats der Höllenmaschine wurden 130 Personen nach Cayenne geschickt; die Liste dieser Unglücklichen hatte Fouché nach der Anweisung Bonaparte's verfaßt, obschon ihre Schuld durchaus nicht erwiesen war. „Alle diese Menschen," sagte Fouché in seinem Berichte an den Staatsrath, „sind zwar nicht mit dem Dolch in der Hand ergriffen worden, aber ihre Geneigtheit, ihn zu wetzen und zu gebrauchen, unterliegt keinem Zweifel. Die Formen des Gerichtsverfahrens sind nicht geschaffen worden, um solche Mordgesellen zu beschützen." Man sieht, der bonapartistische Terrorismus hatte den Terrorismus des Conventes abgelöst und überholt. Vergl. Lanfrey, a. a. O. Bd. II. S. 204. — J. Barni, a. a. O. S. 51. —

Als Napoleon nach der Schlacht von Marengo, die er durch Desaix's Heldenmuth gewann, nach Frankreich zurückkehrte, war sein Wille despotischer, seine Seele herrschbegieriger, als je zuvor. Obschon er sich den Anschein gab, als wenn er alle ihm dargebrachten Huldigungen verachte, sann er nur darauf, seinen Lieblingsplan, den einzigen, den sein zugleich so wunderbares und doch so beschränktes Genie nie aus den Augen verlor, der Ausführung immer näher zu bringen: das **System des Despotismus nach innen und das System der Eroberung nach außen zu vollenden.** —

Die Ermordung des Herzogs von Enghien am 21. März 1804 war ein Ausfluß von Napoleon's Schreckenstheorie. „Ich habe den Herzog von Enghien schleunigst verurtheilen und erschießen lassen," sagte er seinem Staatsrathe, „um den hier befindlichen Emigranten jede Versuchung zu ersparen." Vergl. Mémoires de Miot, T. II. chap. IV. p. 156. Und Herrn von Fontanes erklärte er, wie uns Thiers berichtet, bei einer Zusammenkunft, die noch am Tage der Hinrichtung stattfand: „Von heute an wird man auf seiner Hut sein, denn man weiß nun, wozu wir fähig sind." Der Leichnam des Herzogs von Enghien sollte Bonaparte als Fußschemel dienen, um den Kaiserthron zu besteigen; denn am 18. Mai ließ er sich als Kaiser Napoleon I. begrüßen. Wie Enghien's Hinrichtung den Kaiserthron bauen sollte, so sollten die Hinrichtungen von dem **Marchese von Rodio, von Andreas Hofer** und **Joh. Phil. Palm** den Kaiserthron befestigen helfen. Dies beweisen u. A. schlagend die verabscheuungswürdigen Worte, die Napoleon I. im Jahre 1808 an seinen Bruder Joseph, damaligen König von Neapel, schrieb: „Ich wünschte sehr, daß der Pöbel in Neapel revoltirte. So lange Sie nicht ein Exempel statuirt haben, sind Sie nicht Herr im Lande. In jedem eroberten Lande thut eine Revolte Noth." Napoleon I. glaubte, indem er solche Hinrichtungen oder besser Ermordungen bald selbst vornahm, bald seinen Untergebenen anempfahl, als ein tiefblickender Staatsmann zu handeln; aber wenn er sich auch durch solche Schandthaten den augenblicklichen Erfolg sicherte, so steht es nicht minder fest, daß er, ohne es zu ahnen, den Boden für sein künftiges Mißgeschick zubereitete. Seine Politik war deshalb ebenso unklug, wie sie unsittlich war; „denn die Politik bricht nicht straflos mit der Moral, und im öffentlichen, wie im Privatleben ist es allezeit ein gar lockerer Bau, der nur auf die Verachtung der Gesetze des Gewissens und der Rechte der Menschheit sich stützt." —

Wie übrigens Bonaparte als erster Konsul den Despotismus in das Gebiet der Politik, der Verwaltung und der Rechtspflege einführte, wie er die persönliche Sicherheit, das Briefgeheimniß und die Freiheit der Presse vernichtete, so war er auch bemüht, damit nichts an seiner Allmacht fehle, das religiöse Gebiet, die Rechte des Gewissens und die Schule zu kontroliren. Die von ihm so unwürdig mit Füßen getretene Konstitution des Jahres III. formulirte in Artikel 354 die Principien in Sachen der Religion so: „Niemand kann gehindert werden, unter Befolgung der Gesetze, den Kultus zu üben, welchen er erwählt hat. Niemand kann gezwungen werden, zu den Unterhaltungskosten für irgend einen Kultus beizutragen. Die Republik besoldet keinen." So war das Princip der Gewissensfreiheit und in logischer Folge davon das der Trennung der Kirche und des Staates durch die Konstitution des Jahres III. in aller Form verkündet. Bonaparte, als sogenannter „Repräsentant der Revolution und der Republik", vernichtete dieses Princip, die kostbarste, theuer erkaufte Frucht der Revolution, indem er durch das von Herrn Thiers so sehr gefeierte Concordat das System der Staatsreligion oder wenigstens der vom Staate anerkannten Religion, der Regulirung des Kultus durch den Staat, mit einem Worte des Gewissenszwanges von Staatswegen wieder einführte. Vergl. Jules Barni, a. a. O. S. 58 ff. —

So gründete allenthalben, wo die Revolution die Freiheit erobert hatte, Bonaparte den Despotismus; und wenn man behaupten will, daß er mit dem Concentriren aller Gewalten in seiner Hand nur dem vom Nationalconvente gegebenen Beispiele gefolgt sei, so hat man den gewaltigen Unterschied zwischen dem Nationalconvente und Bonaparte entweder vergessen, oder nie erkannt, oder man will ihn nicht sehen. Wohl entlehnte Bonaparte dem Arsenal der Revolution gar wirksame Waffen, doch meistens nur, um sie gegen die freien Institutionen zu wenden, welche der Geist der Revolution während der heftigsten Krisis in Frankreich gezeitigt hatte; und wo er etwas relativ Gutes zu Stande brachte, wie z. B. mit dem Civilgesetzbuch (Code Napoléon), da war die beste Arbeit bereits gethan, ehe er seine Hand daran legte: es galt dann nur noch, das Erbe der Revolution zum Vortheil der Tyrannei einzuheimsen. —

Als man Napoleon die Leitung der Geschicke Frankreichs überließ, erwartete man von ihm den Frieden. Allein man hatte sich arg getäuscht. Mit Recht sagt Jules Barni a. a. O. S. 73: „Als das Werk eines Kriegers, den der Krieg groß und berühmt gemacht, und seiner ihr Loos an das seinige knüpfenden Generale und Soldaten konnte die Revolution des 18. Brumaire ihrem Wesen nach nur zum Kriege führen. Der Krieger bedurfte des Krieges, um seinem Geist, welcher gewissermaßen der Geist des Krieges selbst war, erwünschten Spielraum und neuen Aufschwung zu geben. Er hatte den Krieg nöthig, um die Armee, mit deren Hülfe er seine Diktatur gegründet und die ihm zur Behauptung derselben unentbehrlich war, zu belohnen und fester an sich zu kitten. Er hatte den Krieg nöthig, um die ganze revolutionäre Gluth des Volkes, welches er knechtete, nach außen abzulenken und demselben für die Freiheit, deren er es beraubte, das Opium kriegerischen Ruhmes, für welches er dessen Schwäche kannte, zu spenden. Er hatte endlich den Krieg nöthig, um das System der Usurpation, welches er im Innern zur Vollendung gebracht, über das Ausland zu verbreiten und es immer weiter zu treiben, um Europa zu knechten, wie er Frankreich knechtete. Der Krieg also, ein Krieg ohne Grenzen und ohne Ende, — das war die Geißel, welche die Revolution des 18. Brumaire unfehlbar über Europa loslassen mußte. Die Philosophen des 18. Jahrhunderts und namentlich einer der größten unter ihnen, Immanuel Kant, hatten ihre Stimme gegen die Barbarei des Krieges erhoben und auf den ewigen und allgemeinen Frieden als das Ideal der Menschheit hingewiesen. Der allgemeine und ewige Krieg war es, den Bonaparte ins Leben rief." Wohl nahm er in der ersten Zeit seines Konsulats (im December 1799) den Schein der Mäßigung und der Friedensliebe an, wohl schloß er mit den von ihm oder vielmehr von Desaix und Kellermann bei Marengo (14. Juni 1800) und von Moreau bei Hohenlinden (3. December 1800) besiegten Oesterreichern den Vertrag von Luneville (9. Februar 1801) und im folgenden Jahre (27. März 1802) mit England den Frieden von Amiens, der die Pacification des Continents vollendete. Doch kaum war der Friede geschlossen, so provocirte er selbst dessen Bruch; er hatte nur eine militärische Ruhestation für nöthig oder wünschenswerth gehalten. Endlich, um seinem Werke die Krone aufzusetzen, stellte er in den durch den Frieden von Amiens an Frankreich zurückgegebenen Kolonien die Negersklaverei und den Sklavenhandel wieder her, im Anschluß an die vor der Revolution, welche dies Verbrechen der beleidigten Menschheit abgeschafft hatte, geltenden Gesetze. So und nicht anders verstand und verfolgte Bonaparte die zwei großen Ziele der Revolution: die **Freiheit** und **Gleichheit** der Menschen. —

Was das **Schulwesen** und den **Unterricht** anbetrifft, so stiftete Bonaparte sogenannte Lyceen, d. h. mittlere Unterrichtsanstalten für Kinder aus dem Bürgerstande, dessen Zustutzung für das von ihm eingeführte System ihm am meisten am Herzen lag. In diesen Lyceen oder Kinderkasernen mußten, wie selbst Herr Thiers, der Lobredner Napoleon's I., zugesteht, „alle Bewegungen im Militärschritt und nach dem Trommelschlage vor sich gehen." Um hier die gehörige Anziehungskraft auszuüben, hatte Bonaparte es für zweckmäßig erachtet, 6400 Freistellen zu stiften, deren Kosten der Staat übernahm und die eine Totalausgabe von 5—6 Millionen Francs jährlich repräsentirten. Aber was that er für den eigentlichen Volksunterricht, nicht etwa bloß im Jahr 1802 zu der Zeit, da er die Lyceen und die 6400 Freistellen stiftete, sondern während der ganzen Dauer des Kaiserthums? Während der ganzen Dauer der kaiserlichen Herrschaft figurirte, wie Jules Simon in seinem Buche „l'Ouvrière", p. 394 angibt, der Volksunterricht im Staatsbudget mit einer Summe von 4250 Francs, welche zeitweilig dem Noviziat der Brüder der christlichen Doktrin, die sehr bezeichnend auch „Ignorantiner" hießen, bewilligt wurden. „4250 Francs!" so ruft J. Barni aus, „das war Alles, was Napoleon I. in der ganzen Zeit seiner Herrschaft auf den Volksunterricht verwandte, während er Milliarden verschlang, um die Armeen zusammenzubringen und zu unterhalten, mit denen er Europa heimsuchte. Und doch rühmte er sich auf St. Helena, den öffentlichen Unterricht bei den ärmsten Volksklassen aufgemuntert zu haben." Vergl. J. Barni, a. a. O. S. 113 ff. —

Nachdem der Kaiser Napoleon I. bei Austerlitz (2. December 1805) das österreichische Kaiserreich zerschmettert und Süddeutschland unterworfen hatte, rüstete er sich, die preußische Monarchie zu vernichten und Norddeutschland unter seine Botmäßigkeit zu bringen. **Die Zerrissenheit Deutschlands erleichterte ihm sein Vorhaben.** —

Die Doppelschlacht bei Jena und Auerstädt (14. October 1806) zerbröckelte und zermalmte die Monarchie Friedrich's des Großen und ließ Napoleon I. am 27. Oktober 1806 seinen triumphirenden Einzug in Berlin halten. Drei Tage vorher war er in Potsdam gewesen, hatte in Sanssouci die Grabstätte Friedrich's II., des einzigen Feldherrn der neueren Zeit, dessen Ruhm den seinigen in den Schatten stellen konnte, besucht und den Degen des glorreichen Todten als barbarische

Trophäe an sich genommen und nach Paris geschickt. Diese That, wodurch er den großen Preußenkönig noch im Grabe zu besiegen und zu entwaffnen wähnte, haben seine Schmeichler natürlich gefunden. Mit Recht aber fragt Lanfrey: „Was würde man von dem Triumphator sagen, der den Invaliden zu Paris den Degen des todten Napoleon entführen wollte?" Gemeiner aber noch, als diese That, ist die falsche, niedrige, lügenhafte Weise, womit er keine Gelegenheit versäumte, durch Lächerlichmachen, Beleidigungen und Verleumdungen die edle und schöne Königin Louise zu verlästern. „Es erschien kein Bulletin", sagt Lanfrey a. a. O. Br. III. S. 385, „in welchem er nicht auf dies Lieblingsthema zurückkam, und man könnte einen Band mit dem füllen, was er selbst gegen sie geschrieben hat. Den Einfluß und den guten Ruf dieser Frau zu untergraben, war für ihn eine Aufgabe, der er eine ebenso eiserne und kalt berechnende Ausdauer widmete, als wenn es sich darum gehandelt hätte, ein Regiment niederzuschmettern oder eine Bastion zu sprengen." — Und in Anbetracht dieser Thatsache war es ein wunderbarer Zufall, der am 19. Juli 1870, dem Todestage der Königin Louise, die 60 Jahre vorher an gebrochenem Herzen über die Erniedrigung ihres Vaterlandes und des ganzen Deutschlands gestorben, König Wilhelm von Preußen die Thronrede verlesen ließ, womit er den Reichstag eröffnete, der ihm die Mittel bewilligen sollte, die ihm und Deutschland von dem Enkel Napoleon's I. angethane Schmach zu rächen. Wohl begreifen und ehren wir die tiefe Erschütterung, welche den preußischen König ergriff, als er am Todestage seiner Mutter die Vertreter des Volkes aufforderte, die Ehre, Sicherheit und Freiheit von Preußen und ganz Deutschland vor französischem Uebermuthe schützen zu helfen. —

Selbst Herr Thiers gesteht zu, daß der Sieg über Preußen Napoleon I. mehr als gewöhnlich zu Kopfe gestiegen sei und seinen klaren Blick verdunkelt habe. Er hielt sich nahezu für allmächtig und scheute sich nicht ganz Deutschland zu Gunsten Frankreichs zu zerstücken. Hierbei kam ihm die wunderbare Schwärmerei zu Hülfe, welche gegen Ende des 18. Jahrhunderts in Deutschland grassirte und den nationalen Patriotismus einem unklaren Kosmopolitismus oder Weltbürgerthum zum Opfer brachte. Vergl. Wolfgang Menzel, „Unsere Grenzen," S. 155 ff. Während in Frankreich die Leidenschaft für die Freiheit mit dem Nationalstolz innig gepaart war, begann sie in Deutschland mit einer Verachtung desselben. In Frankreich kämpfte die Freiheitsidee unter der Aegide der Menschheit für das Interesse und den Ruhm der Nation; in Deutschland dagegen nahm sie ihren Standpunkt außerhalb der eigenen Nation und erklärte derselben sogar im Namen einer bloß in der Idee existirenden allgemeinen Menschheit ausdrücklich den Krieg. Wir verweisen bei dieser Gelegenheit auf den sogenannten Illuminatenbund, den zu jener Zeit ein gewisser Weishaupt im katholischen Süddeutschland nach dem Muster der Jesuitengesellschaft stiftete und der vom Freiherrn v. Knigge auch unter den Protestanten in Norddeutschland verbreitet wurde. Etwas Aehnliches passirt ja auch jetzt, wo von falschen Führern — nomina sunt odiosa — irregeleitete Social-Demokraten jedes Nationalitätsprincip verachten, nur für die allgemeine Menschheit schwärmen, den ewigen Frieden predigen und in den Ultramontanen bei ihren wahnwitzigen Bestrebungen getreue Bundesgenossen gefunden zu haben glauben. „Novum est sub sole nil," d. h. „Alles schon da gewesen," wie Rabbi Ben Akiba sagt; und dennoch glauben unsere modernen Volksbeglücker besagter Sorte, daß sie in der in Rede stehenden Frage, wie in anderen Dingen, etwas Funkelnagelneues auf's Tapet gebracht haben. Wie aber die Illuminaten und ihre Gesinnungsgenossen zu Grunde gingen, so wird dies auch mit unseren gegenwärtigen Rationalitätsverächtern der Fall sein; es ist nur zu beklagen, daß sie, wie jene es thaten, erst viel Unruhe und Unheil anrichten werden. Was Wahres in der Idee des ewigen Friedens und des allgemeinen Weltbürgerthums liegt, das wird sicher zum Siege gelangen, nur nicht durch Falschheit, durch Jesuitismus und brutale Gewalt. Wie auf Weishaupt, Herrn von Knigge et id omne genus die Körner, Arndt und Stein folgten, so wird die moderne Zeit auch Männer erwecken, welche gut machen, was unsere jetzigen Volksverführer und Volksbetrüger etwa verdorben haben.

Das Verhalten Napoleon's I. gegen Freund und Feind war falsch und voll Hinterlist. Wenn er den Krieg ohne gegründete Ursache und in frecher Weise begann, so brachte seine Freundschaft nicht minder Verderben. Ganz Europa hat den Fluch seiner Bündnisse mit ihm ebenso schmerzlich erfahren, wie den Druck seiner Feindschaft. Er hat Italien betrogen, indem er ihm die Republik versprach, und ein Königthum im Dienste Frankreichs daraus machte; er hat England betrogen, indem er ihm zusagte, Sicilien nicht in Anspruch zu nehmen, und es doch that; er hat Spanien betrogen, indem er ohne dessen Zustimmung die Balearischen Inseln ausbot; er hat Schweden betrogen, wenn er ihm nach der Schlacht bei Pasewalk ein Freundschaftsbündniß antrug; er hat Holland betrogen, indem er den englischen Unterhändlern die batavischen Inseln überließ, die zu erhalten er geschworen; er hat Oesterreich betrogen, indem er Ragusa verschacherte, das zu den Dependenzen desselben gehörte, indem er den Vertrag von Preßburg zerriß, welcher das deutsche Kaiserreich und die alte deutsche Konföderation anerkannte; er hat Rußland betrogen, indem er Oubril einen Vertrag abliftete, der unter dem ausdrücklichen Versprechen geschlossen war, daß der Abschluß des Rheinbundes nicht veröffentlicht werden sollte, was doch geschah; er hat Polen betrogen, obschon er es als unabhängiges Reich wieder herstellen konnte, aber nicht wollte; er hat die Türkei betrogen, indem er die Ratifikation des Vertrages von Siftowa zu verweigern und die vollständige Unabhängigkeit der Pforte zu sichern gelobte, und sein Gelöbniß nicht hielt, u. s. w. u. s. w. Derjenige jedoch, der alle Welt belog und betrog, sah schließlich sich in seinen eigenen Netzen gefangen und die ganze Welt gegen sich in Waffen verbündet. „Wenn wir bedenken," sagt deshalb Lanfrey, „welche gewaltige Macht Napoleon I. in den Händen hatte, und welchen unwürdigen Gebrauch er so lange ungestraft davon machen durfte, so werden wir an jene Zaubermächte erinnert, die in den orientalischen Märchen eine so große Rolle spielen. Befindet sich der Held im Besitze des Talismans, so gelingt ihm Alles, bis zum Unwahrscheinlichsten; die Principien, welche andere Menschen bestimmen, sind für ihn nicht vorhanden. Unerhörte Wunder geschehen ohne alle Anstrengung unter seiner Hand. Er kennt weder Gutes noch Böses; er lacht über das Unmögliche; er kann nach Belieben mit Allem spielen, was recht und heilig ist. Für ihn wird Unvernunft Genie, Unvorsichtigkeit Talent, Unbilligkeit Gerechtigkeit, und je mehr er alle Regeln der Klugheit, des Rechts, der Vernunft mit Füßen tritt, desto glänzender, großartiger wird sein Erfolg. Die Naturgesetze scheinen sich verkehrt zu haben. Mit abergläubischem Schrecken betrachten die Menschen den unheimlichen Glanz des Meteors. Sie sind bereit, diesen bevorzugten, unverletzlichen Menschen zu vergöttern, dessen überraschende Erfolge kein Verbrechen, keine Thorheit zu beeinträchtigen vermögen. Eines Tages aber geht der Talisman verloren oder zerbricht, und plötzlich ist der Gott verschwunden und wir haben nichts mehr vor Augen, als einen armen Thoren. Wir fragen uns, ob dieser Erwählte des Geschicks nicht eigentlich das Opfer desselben ist, und voll Bestürzung schwankt unser Geist zwischen Abscheu und Mitleid. Das ist die Geschichte Napoleon's I. und der großen Armee."

Mit der Continentalsperre, die Napoleon I. im November 1806 dekretirte und wodurch er „die britischen Inseln in Blokadezustand" versetzte, offenbarte er eine ebenso große politische Thorheit, wie einen unbegrenzten Hochmuth. Dieser wahnsinnige Akt zeigte unverkennbar, daß der Rausch des Sieges die Klarheit seines Geistes getrübt hatte, der in der Leitung militärischer Operationen so glänzend zu Tage getreten war. Um ein Volk, das englische, zu Grunde zu richten, belästigte und fesselte er alle übrigen; und um diese übrigen Völker einem ihrem Wohlstande wie ihrer Freiheit gleich lästigen System zu unterwerfen, verwickelte er sich auf einem neuen Wege in eine unabsehbare Reihe von Bedrückungen und Kriegen, die unfehlbar sein eigenes Verderben herbeiführen mußten. Das ist es, was ihn in Berlin dahin brachte, den Continentalkrieg, den er infolge seiner Siege durch den Frieden von Tilsit rasch beendigen konnte, bis in den fernen Norden Europas zu tragen; aber das ist es auch, was ihn später zu jenem neuen Feldzuge gegen Rußland hinreißen sollte, wobei er ein so entsetzliches Mißgeschick, das Vorzeichen seines nahen Falles, erfuhr. „Er wollte das Meer", um seinen eigenen Ausdruck zu gebrauchen, „mittelst des Landes beherrschen." Thatsächlich aber wurde durch die Continentalsperre Europa unlösbar mit England verbunden. Nicht bloß die Regierungen und politisch gebildeteren Klassen, sondern auch die niederen Stände wünschten die Niederlage der Franzosen und den Triumph der Engländer; mit der Continentalsperre drangen Noth, Entbehrung und Elend in jedes Haus, in den Schooß der ärmsten Familien, weckten den unversiegbarsten Haß gegen den übermüthigen Gewalthaber und beschleunigten den Fall des kaiserlichen Regimes. Treffend sagt deshalb die Frau von Staël in ihren „Considérations sur la Révolution française," IV. partie, chap. 18: „Die gigantische Idee der Continentalsperre glich gewissermaßen einem europäischen Kreuzzuge gegen England, welchem Napoleon's Scepter als Sammelsignal diente. Aber wenn im Innern die Ausschließung der englischen Waaren der Industrie einige Aufmunterung gewährte, so waren die Häfen verödet und der Handel vernichtet. Nichts hat Napoleon unpopulärer gemacht, als die Vertheurung des Zuckers und Kaffees, die störend in die täglichen Lebensgewohnheiten aller Volksklassen eingriff." — Bezeichnend ist, wie um diese Zeit, wo Napoleon seine schwindelnde Höhe erreicht hatte, die öffentliche Meinung seinen Sturz herankommen sah, wie andauernde Gerüchte, trotz allem polizeilichen Entgegentreten, von Unglück und Niederlagen der französischen Waffen circulirten. Vergl. Lanfrey, a. a. O. Bd. III. S. 395 ff. —

Der Friede von Wien (14. Oktober 1809) ließ Napoleon, wie Herr Thiers sich ausdrückt, „die Tochter der Cäsaren in sein Bett aufnehmen und sein plebejisches Blut mit dem ältesten Fürstenblute Europa's vermischen." Wir wollen hier indessen nicht unerwähnt lassen, daß nach Bourienne's, jenes langjährigen Gefährten Napoleon's, wohlverbürgter Aussage, der Mordversuch, den Friedrich Stapps am 12. Oktober 1809 bei einer großen Heerschau in Schönbrunn gegen den verhaßten Korsen unternahm, einen sichtlichen Einfluß auf die Zugeständnisse ausübte, die Napoleon Oesterreich machte, und den Abschluß des Wiener Friedens beschleunigte. Der deutsche Mucius Scävola, wie Bourienne Stapps nennt, starb den Tod durch französische Kugeln; sein letzter Ruf war: „Es lebe die Freiheit! Es lebe Deutschland! Tod seinem Tyrannen!" Vergl. J. Barni, a. a. O. S. 152—158. —

Als Napoleon I. sich zum Feldzuge von 1812 rüstete, waren die Leiden des französischen Volkes zu einer solchen Höhe gestiegen, daß der Kaiser, um sich dem Murren der Hauptstadt zu entziehen, schon im März dieses Jahres mit seinem ganzen Hofe nach Saint-Cloud zu gehen für rathsam fand. Indem Herr Thiers diese Thatsache berichtet, bemerkt er, daß sie in Anbetracht der Allmacht Napoleon's sehr seltsam erscheinen mußte; richtig fügt aber J. Barni dieser Bemerkung hinzu, daß diese Thatsache in Wahrheit ein sehr ernstes und charakteristisches Symptom für das Verhältniß war, welches zu jener Zeit zwischen Napoleon und dem französischen Volke bestand. Das französische Kaiserthum verdankte nach innen, wie nach außen hin, seinen Bestand nur der Gewalt der Waffen, die es gegründet hatte, und war verurtheilt, zusammenzubrechen, so wie diese Gewalt erschüttert war. Natürlicherweise mußten die ersten Stöße von außen kommen; aber die inneren Erschütterungen konnten dann nicht lange ausbleiben und mußten, wie es später auch wirklich geschah, unfehlbar den Einsturz des ganzen Gebäudes herbeiführen. Wird es dem zweiten Kaiserreiche besser ergehen, als dem ersten? — Schwerlich. „Des Hauses letzte Stunde," von der Moritz Saphir vor Jahren sang, wird wohl erst in unserer Zeit schlagen. —

Selbst die grauenvolle Niederlage des Jahres 1812 und die begeisterte Erhebung des preußischen Volkes im Jahre 1813 waren nicht im Stande, Napoleon's thörichten Uebermuth zu heilen und ihn auf dem Kongresse zu Prag (5. Juni bis 10. August 1813) für den Frieden günstig zu stimmen. Der österreichische Minister, Herr v. Metternich, sagte z. B. nach einer Unterredung mit ihm in Dresden am 28. Juni 1813 (dem Todestage des edlen Scharnhorst), in welcher er vergebens ihn zur Unterzeichnung des Friedens zu bewegen gesucht, zu Berthier, der ihn fragte, ob er mit dem Kaiser zufrieden sei: „Ja, ich bin zufrieden mit ihm, denn er hat mich ins Klare gesetzt, und ich schwöre Ihnen, Ihr Herr hat den Verstand verloren!" Napoleon beharrte in übermüthigem Trotze dabei: „Nicht ein Dorf soll von dem französischen Kaiserreiche mit allen ihm einverleibten Provinzen abgerissen werden!" Er hatte übrigens schon früher Zeichen einer an Wahnsinn streifenden Gemüthsverfassung gezeigt, eine Erscheinung, die — wie Jules Barni nicht mit Unrecht bemerkt — eine gewöhnliche Wirkung des Cäsarismus ist. Schon im Jahre 1809 sagte der Marineminister Decrès zu Marmont, der damals sehr verwundert war, eine solche Sprache zu vernehmen: „Der Kaiser ist verrückt, völlig verrückt.... Und die ganze Geschichte wird ein Ende mit Schrecken nehmen." — In der eben erwähnten Unterredung, welche Napoleon mit Metternich hatte, sprach ersterer auch Worte, die den letzten Zweifel darüber heben, was ihm ein Menschenleben galt: „Sie sind nicht Militär," sagte er zu Metternich, „Sie haben keine Soldatenseele, wie ich, haben nicht im Felde gelebt, nicht gelernt, das Leben Anderer und Ihr eigenes, so's Noth ist, zu verachten.... Was scheeren mich 200,000 Mann!" Metternich war, wie Herr Thiers, der diesen Auftritt berichtet, durch diese Worte tief erschüttert und rief: „Wir wollen Thüren und Fenster öffnen, damit ganz Europa Sie höre, Sire, und die Sache, die ich bei Ihnen vertrete, die Sache des Friedens wird sich dabei nicht schlechter stehen!" —

Am 4. April 1814 unterzeichnete Napoleon I., von seinen Marschällen gedrängt, seine Abdankung zu Gunsten seines Sohnes; aber schon sieben Tage darauf mußte er eine andere Urkunde unterschreiben, in welcher er für sich und seine Erben auf die Throne von Frankreich und Italien verzichtete. Während der wenigen Tage, die er vor seiner Abreise nach Elba noch in Fontainebleau zubrachte, wohnte er, wie J. Barni bemerkt, gewissermaßen dem Leichenbegängniß seiner Macht bei. Er erfuhr die Züchtigung, zu sehen, wie seine Officiere und gerade diejenigen, die er am meisten mit Gunstbezeugungen überhäuft hatte, ihn einer nach dem andern verließen, um wetteifernd dem neuen Herrscher Frankreichs ihre Huldigungen darzubringen, und wie es öde und leer um ihn wurde. Wenn er sodann auf seiner Reise durch Frankreich nach St. Rapheau, wo er sich einschiffen sollte, auch hier und da noch den Ruf: „Es lebe der Kaiser!" vernahm, so drang an anderen Orten das laute Geschrei: „Nieder mit dem Tyrannen! Tod dem Tyrannen!" ihm in die Ohren und er mußte sich als Courier verkleiden, um nicht von den erbitterten Volkshaufen gemordet zu werden. In Orgon, einem Orte, wo die Pferde gewechselt wurden, war ein Galgen errichtet und ein mit Blut bespritzter Strohmann in französischer Uniform daran aufgehängt, der ein Blatt Papier mit der Inschrift auf der Brust trug: „Dies wird früher oder später das Schicksal des Tyrannen sein." Nur den beruhigenden Worten des Grafen Schuwaloff, der neben dem Wagen ritt, worin Napoleon saß, gelang es, die wüthende Menge von Gewaltthaten abzuhalten. In einem Wirthshause in der Nähe von Aix ruhte sich der verkleidete Weltbeherrscher kurze Zeit in einer kleinen Kammer aus, un[d] seine Begleiter fanden ihn daselbst den Kopf auf die Hand gestützt un[d] das Antlitz mit Thränen gebadet. So berichtet der zur Begleitun[g] Napoleon's ernannte preußische Oberst, Graf v. Truchseß-Waldburg i[n] seiner Schrift: „Napoleon Bonaparte's Reise von Fontainebleau nac[h] Frejus vom 17. bis 29. April 1814." —

Dem Besiegten von Waterloo war es noch bestimmt, daß selbst sein Unglück nach Ablauf der Herrschaft der hundert Tage dazu beitragen sollte, die Gemüther zu Gunsten des „großen Komödianten" („Comediante!" rief Papst Pius VII. Napoleon einst in Fontainebleau nach, und dies Wort ist als charakteristische Bezeichnung für alle Zeit in Erinnerung geblieben) zu blenden und irre zu leiten. Die maßlose Größe seiner Mißgeschicke war derjenigen seiner früheren Erfolge nahezu gleichgekommen. Der Felsen von St. Helena warf seinerseits einen zauberhaften Glanz ganz neuer Art auf das wunderbare Ende des Welterschütterers und verlieh ihm in der Volkspoesie eine poetische Weihe. „Ich weiß nicht," sagt deshalb J. Barni, „wie der Ruf Napoleon's sich gestaltet haben würde, wenn Blücher seinen beabsichtigten Vergeltungsakt ausgeführt und ihn in demselben Graben hätte erschießen lassen, wo 11 Jahre vorher auf seinen ausdrücklichen Befehl der Herzog von Enghien erschossen worden war. Aber auf den einsamen Felsen mitten im atlantischen Ocean transportirt, als Gefangener auf dem engen Eilande und im fernen Exil langsam hinsiechend, erschien er als ein Prometheus, den die Eifersucht der Erdengötter dort in Ketten geschmiedet." —

Wenn übrigens Napoleon I. und seine Bewunderer*) darüber anklagten, daß es in der Person Napoleon's das Völkerrecht verletzt hätte, so vergaßen sie, daß Napoleon durch die Unzahl seiner Gewaltthaten für immer das Recht verloren hatte, über Rechtsverletzungen zu schreien, wenn man den Ruhestörer des Weltfriedens und den Ausreißer von Elba in einen sicheren Gewahrsam nach St. Helena brachte. Hatte er nicht während seiner ganzen Laufbahn die Rechte derer tausendfach und freventlich mit Füßen getreten? Wie konnte er nur

---

*) Wie weit die Vergötterung Napoleon's I. seiner Zeit ging, schlagend auch der Umstand, daß man auf Münzen, bei Büsten und Bildern (die Büste, welche Canova von Napoleon entwarf, nicht ausgenommen) die Dimension seines Schädels über alle Maßen übertrieb. Der wirkliche Winkel des Schädels von Napoleon betrug nicht über 75 Grad, während selbe auf Medaillen u. s. w. 90 Grad und darüber zeigt. Nach phrenologischem System war an Napoleon's Schädel das Organ der Herrschsucht ganz besonders entwickelt. Vergl. J. Barni, a. a. O. S. 236 ff.

anders erwarten, als daß man endlich dasselbe Gesetz auf ihn mit Recht anwandte, welches er so oft mit Unrecht über Andere verhängt hatte? Eine harte, aber gerechte Strafe traf den Mann, der seine Macht auf dem Fundament der Lüge, der Gewalt, der Corruption und des Schreckens gegründet hatte, der sich des unterjochten Frankreichs bedient hatte, um Europa zu unterjochen und der nach so vielen, mit Strömen Blutes erkauften Eroberungen schließlich Frankreich doch kleiner hinterließ, als er es gefunden hatte. Aus den im französischen Kriegsministerium berechneten Zahlen ergiebt sich, daß die Verluste der Franzosen in den Kriegen des Konsulats und des Kaiserthums sich auf 1,700,000 Mann an Todten beliefen. —

Zum Schlusse noch eine nachträgliche Bemerkung hinsichtlich der Verschwörung des General Mallet im Jahre 1812. Als Napoleon I. in Dorogobudsche die Nachricht dieses kühnen Unternehmens erhielt, war er natürlich äußerst überrascht und betroffen, besonders darüber, daß man bei diesem Vorfalle seinen Sohn ganz und gar vergessen hatte. Er erkannte mit Schrecken, wie hinfällig die von ihm gegründeten kaiserlichen Institutionen waren und wie schwache Wurzeln seine Dynastie selbst in Frankreich getrieben hatte. —

Napoleon's I. Sturz ist eine warnende Lehre für alle Tyrannen und für jedes zeitweilig triumphirende Verbrechen. Die Nemesis der Geschichte schreitet oft langsam, aber allemal fest und sicher. Der Amerikaner Channing sagt mit Bezug auf den ersten Napoleon mit Recht, daß, „wer eine mörderische Hand gegen die Rechte und die Freiheit seines Landes erhebt, wer den Fuß auf den Nacken von 30 Millionen seiner Mitmenschen setzt, wer sich allein alle Gewalt in einem mächtigen Reiche anmaßt, dessen Schätze vergeudet, das Blut des Volkes wie Wasser vergießt, um andere Nationen zu Sklaven und die Welt zu seiner Beute zu machen, daß ein solcher Mensch, dem kein Verbrechen auf seiner blutigen Laufbahn fremd blieb, in den Bann des Menschengeschlechts gethan zu werden und auf seiner Stirn ein Brandmal, so schmachvoll, wie das des ersten Mörders, zu tragen verdient." —

Wir können das erste Kapitel unserer kleinen Schrift nicht schließen, ohne ganz besonders hervorzuheben, daß all das Blut, welches die von Napoleon I. geknechteten Völker im Freiheitskampfe von 1813, 1814 und 1815 vergossen, vergebens vergossen wurde, insofern die nach Freiheit dürstenden Völker, nachdem sie ihren Fürsten die alte Macht und Herrlichkeit wiedergegeben, von eben diesen Fürsten die ersehnte und theilweise versprochene Freiheit nicht erhielten, sondern mit Hülfe der „heiligen Allianz" in neue Ketten und Bande geschlagen wurden, in

Ketten und Bande, welche erst durch die allerneueste Zeit gelockert und theilweise ganz zerbrochen und zerrissen worden sind. Es lohnt sich, hier das Urtheil anzuführen, welches vor etwa 45 Jahren der amerikanische Staatsmann Daniel Webster über die „heilige Allianz" fällte bei Gelegenheit der griechischen Frage; er sagte u. A.: „Die Menschen unserer Tage sind nicht damit zufrieden, gute Herren zu haben; sie wollen Theil nehmen an der Regierung und über ihr Wohl und Wehe selbst zu Rathe sitzen. Gegen diesen Geist des Jahrhunderts ist ein Dämon aus der Hölle emporgestiegen, welcher alle Freiheit auf Erden verschlingen will — das ist der Dämon der heiligen Allianz. Was ist aber diese Allianz? Ist es eine Allianz einer Nation mit der andern? Nein, es ist eine Allianz der Kronen gegen die Völker, der Fürsten gegen ihre eigenen Unterthanen; es ist mit einem Worte die Einigung der materiellen Kräfte aller Regierungen gegen die Rechte aller Völker; es ist eine Allianz, welche die Erhebung des griechischen Volkes einen Feuerbrand nennt, geschleudert in das Herz des osmanischen Reiches. Nach dieser Allianz giebt es keine Völker mehr, sondern bloß Könige. Sie theilt die Menschen horizontalweise; oben sind die Fürsten und unten die Völker, bestimmt mit Füßen getreten zu werden." Vergl. Rud. Doehn, „Die politischen Parteien in den Verein. Staaten von Amerika," S. 66. — Wohl konnte deshalb Ludwig Uhland am 18. Oktober 1816 singen:

> „Ihr Fürsten! seid zuerst befraget:
> Vergaßt ihr jenen Tag der Schlacht,
> An dem ihr auf den Knieen laget
> Und huldigtet der höhern Macht?
> Wenn eure Schmach die Völker lösten,
> Wenn ihre Treue sie erprobt:
> So ist's an euch, nicht zu vertrösten,
> Zu leisten jetzt, was ihr gelobt.
>
> Ihr Völker, die ihr viel gelitten,
> Vergaßt auch ihr den schwülen Tag?
> Das Herrlichste, was ihr erstritten,
> Wie kommt's, daß es nicht frommen mag?
> Zermalmt habt ihr die fremden Horden,
> Doch innen hat sich nichts gehellt,
> Und Freie seid ihr nicht geworden,
> Wenn ihr das Recht nicht festgestellt."

Zweites Kapitel.
Bruchstücke aus der Geschichte Napoleon's III.

> „Nur berg' er nicht den Schein des Rechtes,
> Er flehe nicht zu Gott für Schlechtes
> Um Schutz und Wehr;
> Er trage frei das off'ne Laster,
> Und seine Stirn von Alabaster
> Beflecke keine Röthe mehr."
>
> August von Platen-Hallermünde.

Kaum hatte die französische Februar-Revolution des Jahres 1848 den Bourgeoiskönig Ludwig Philipp vom Throne gestoßen und Frankreich wieder zur Republik gemacht, so eilte Louis Napoleon Bonaparte von England nach Paris und richtete folgenden Brief an die provisorische Regierung:

„Paris, den 28. Februar 1848.

Meine Herren!

Das Volk von Paris hat durch seinen Heldenmuth die letzten Spuren des fremden Einfalls zerstört; und so komme ich aus dem Exil zurück, um mich unter die Fahne der Republik zu stellen, die so eben proklamirt worden ist. Ohne einen andern Ehrgeiz, als den, meinem Vaterlande zu dienen, theile ich den Mitgliedern der provisorischen Regierung meine Ankunft mit und versichere sie meiner Ergebenheit für die Sache, die sie vertreten und meiner Theilnahme für ihre Personen.

Genehmigen Sie, meine Herren, die Versicherung dieser Gesinnungen.

Louis Napoleon Bonaparte."

Die provisorische Regierung hielt es indessen nicht für gerathen, Louis Napoleon den Aufenthalt in Frankreich zu gestatten, so lange die Nationalversammlung noch nicht entscheidende Bestimmungen über das Schicksal der früheren Regierungsfamilien, welche das Gesetz in der Verbannung hielt, getroffen hatte. So kehrte denn Louis Napoleon wieder nach England zurück, nachdem er dafür gesorgt hatte, daß ihm treu ergebene Freunde mit aller Macht dahin wirkten, die in Frankreich zerstreuten Elemente des Bonapartismus möglichst schnell zu einigen. Es gelang auch sehr bald, durch Zeitungen, Broschüren und andere Agitationsmittel den Namen Louis Napoleon's ziemlich beliebt zu machen; der zauberhafte Einfluß, den „die napoleonische Legende" noch auf einen großen Theil des französischen Volkes, namentlich auf das Landvolk, ausübte, begünstigte die bonapartistischen Bemühungen, und wir dürfen es Herrn Eugen Ténot wohl glauben, wenn er in seiner historischen Studie „Paris im December 1851" (deutsch von Arnold Ruge) versichert, daß schon seit den ersten Tagen des Mai's 1848 der Ruf: „Es lebe Napoleon!" in Volksbewegungen in Frankreich oft der herrschende war.

Die konstituirende Nationalversammlung, welcher die Theilnahme für den Napoleonismus durchaus nicht gelegen kam, erhielt von Louis Napoleon im Mai folgenden Brief:

„London, den 24. Mai 1848.

An die Nationalversammlung.

Bürger Volksvertreter!

Ich erfahre durch die Zeitungen vom 22. Mai, daß in den Bureaux der Versammlung der Vorschlag gemacht worden ist, gegen mich allein das Gesetz der Verbannung, welches seit 1816 meine Familie trifft, aufrecht zu erhalten. Ich frage die Vertreter des Volkes, warum ich allein eine solche Strafe verdiene?

Sollte es darum sein, weil ich fortdauernd öffentlich erklärt habe, daß nach meiner Ansicht Frankreich weder einem Menschen, noch einer Familie, noch einer Partei zur Ausbeute zukommt? Sollte es darum sein, weil ich die **Volkssouveränetät** ohne Anarchie und Ausschweifung siegreich zu sehen wünschte, da sie allein unseren Zerwürfnissen ein Ziel setzen konnte, und weil ich dafür zweimal das Opfer meiner Feindseligkeit gegen eine Regierung geworden bin, die Sie umgestürzt haben? Sollte es darum sein, daß ich aus Gehorsam gegen die provisorische Regierung willig in die Fremde zurückgekehrt bin, nachdem ich auf das erste Gerücht von der Revolution nach Paris geeilt war? Sollte es endlich darum sein, weil ich uneigennütziger Weise die Kandidaturen zu der Nationalversammlung, die mir vorgeschlagen worden sind, abgelehnt habe, weil ich entschlossen war, nicht eher nach Frankreich zurückzukehren, als bis die Verfassung hergestellt und die Republik befestigt sein würde? —

Dieselben Beweggründe, aus denen ich die Waffen gegen die Regierung Louis Philipp's ergriffen habe, würden mich bestimmen, wenn man meine Dienste in Anspruch nähme, mich der **Vertheidigung der Nationalversammlung zu widmen, die aus dem allgemeinen Stimmrecht hervorgeht.** —

Einem Könige gegenüber, der durch 200 Deputirte erwählt worden war, durfte ich mich daran erinnern, der Erbe eines Kaiserreiches zu sein, das sich auf die Zustimmung von 4 Millionen Franzosen gründete; der Nationalsouveränität gegenüber kann ich und will ich nur meine Rechte als französischer Bürger in Anspruch nehmen, aber diese werde ich unaufhörlich fordern mit der Energie, welche das Gefühl, sich niemals des Vaterlandes unwürdig gezeigt zu haben, einem ehrlichen Herzen giebt.

Empfangen Sie, meine Herren, die Versicherung meiner hohen Achtung.

Ihr Mitbürger
Louis Napoleon Bonaparte."

So vorsichtig und klug dieser Brief auch abgefaßt sein mag, so erkennt man doch daraus ganz deutlich den mit der Demokratie liebäugelnden und zugleich nach der Kaiserkrone schielenden Intriganten; da das Schreiben außerdem eine Beitrittserklärung zur Republik und die Anerkennung der Rechte der Nationalversammlung enthielt, so fand sich die konstituirende Versammlung veranlaßt, die Gesetze, welche die Verbannung der Familie Bonaparte bestimmten, aufzuheben. —

Bevor wir aber in unserm Aufzählen von Thatsachen fortfahren, mag eine kurze Biographie Louis Napoleon's eingeschaltet werden. —

Louis Napoleon Bonaparte war der dritte Sohn des früheren Königs Ludwig Bonaparte von Holland und der schönen, aber auch sehr „liebreichen" Königin Hortense; er wurde am 20. April 1808 zu Paris geboren; seine Taufpathen waren Napoleon I. und dessen Gemahlin Marie Louise. Er und der „König von Rom" waren die einzigen bonapartistischen Prinzen, welche unter der Herrschaft des napoleonischen Kaiserreiches das Licht der Welt erblickten. Erst nach dem Tode seines Bruders nahm Napoleon III., der früher nur Louis hieß, den Namen „Napoleon" an, weil der erste Napoleon als Kaiser die Bestimmung getroffen hatte, daß das älteste Glied seiner Familie jedesmal den Namen Napoleon führen sollte. Der Gründer der napoleonischen Dynastie hatte stets eine besondere Vorliebe für seinen Neffen, selbst nach der Geburt des Königs von Rom, bei welcher Gelegenheit der gute Goethe die ihn grade nicht sehr ehrenden Verse dichtete, welche ihn nur als einen schlechten Propheten erscheinen ließen:

> „Nun steht das Reich gesichert wie gerundet,
> Nun fühlt er froh im Sohne sich gegründet."

Auch Louis Napoleon liebte seinen Onkel wie seinen Vater, und konnte sich schwer zu Malmaison, wo er ihn zum letzten Male umarmte, von ihm trennen. Seine ferneren Schicksale mit seiner Mutter in Deutschland, in der Schweiz, in Italien u. s. w. dürfen wir wohl als allgemein bekannt voraussetzen, ebenso seine zweimal gemachten Versuche (zu Straßburg 1836 und zu Boulogne 1840), eine bonapartistische Militärinsurrektion in Frankreich ins Leben zu rufen. Er verfaßte verschiedene politische, militärische und national-ökonomische Schriften, z. B. seine „Idées Napoléoniennes," seine „Etudes sur le passé et l'avenir de l'artillerie" und seine „Extinction du pauperisme." Nachdem er im Jahre 1846 mit Hülfe des Dr. Conneau aus der Festung Ham entkommen war, flüchtete er sich, wie es so viele vertriebene Potentaten und verfolgte Demokraten gethan haben, nach England. Hier befand er sich auch, als die französische Februar-Revolution im Jahre 1848 ausbrach.

Nehmen wir jetzt wiederum den Faden unserer früheren Darstellung auf. —

Nachdem oder vielmehr bevor noch die Nationalversammlung das Verbannungsdekret der Napoleoniden aufgehoben hatte, war Louis Napoleon in vier Departements (in der unteren Charente, der Yonne, der Seine und auf Korsika) zum Volksvertreter gewählt worden; allein in kluger Berechnung aller Verhältnisse lehnte er diese Wahl ab, weil er vermeiden wolle, daß seines Namens wegen irgendwie Streitigkeiten entständen. Dieser Schritt vermehrte aber nur noch die Zahl seiner Anhänger und erhöhte zu seinen Gunsten den Glanz und den Schimmer seines Namens. Er wurde in den genannten vier Departements noch einmal gewählt und dazu noch in dem Departement der Meuse. Jetzt kehrte er am 24. September 1848 von England nach Paris zurück und nahm bereits zwei Tage darauf seinen Sitz als Volksvertreter in der französischen Nationalversammlung ein. Die Rede, womit er sich in die Versammlung einführte, lautete nach dem Auszuge aus dem officiellen Moniteur also:

„Bürger Volksvertreter! Ich darf nicht schweigen zu den Verleumdungen, deren Gegenstand ich gewesen bin, ich muß hier laut und am ersten Tage, wo es mir erlaubt ist, unter Ihnen zu sitzen, die wahren Gesinnungen aussprechen, die mich beseelen und immer beseelt haben. Endlich, nach 33 Jahren der Achtung und der Verbannung finde ich mein Vaterland und alle meine Bürgerrechte wieder! Die Republik hat mir dieses Glück gewährt, so empfange denn auch die Republik meinen Eid der Erkenntlichkeit, meinen Eid der Hingebung, und so mögen die edlen Mitbürger, die mich in diese Versammlung gewählt haben, sicher sein, daß ich mich anstrengen werde, ihre Abstimmung zu rechtfertigen, indem ich mit ihnen an der Aufrechthaltung der

Ruhe, diesem ersten Bedürfnisse des Landes, und an der Entwickelung der demokratischen Einrichtungen arbeite, die das Volk in Anspruch zu nehmen das Recht hat. Lange Zeit habe ich Frankreich nur meine Betrachtungen aus der Verbannung und aus der Gefangenschaft widmen können; heute öffnet sich mir der Beruf, dem Sie folgen. Nehmen Sie mich in Ihre Reihen auf, meine theuren Kollegen, mit demselben Gefühle eines herzlichen Vertrauens, das ich Ihnen entgegenbringe. Mein Betragen wird immer von der **Pflicht** bestimmt, immer von der **Achtung vor dem Gesetz** beseelt sein, und den Leidenschaften gegenüber, die mich haben anschwärzen wollen, um meine Verbannung zu verlängern, wird es den Beweis liefern, **daß hier Niemand mehr entschlossen ist, sich der Vertheidigung der Ordnung und der Befestigung der Republik zu widmen.**"

Auch diese Rede beweist, wie geschickt Louis Napoleon die Rolle des demokratischen Republikaners und die des gesetzliebenden Ordnungsmannes zu gleicher Zeit zu spielen verstand. Er übertraf in dieser politischen Komödiantengeschicklichkeit fast seinen Oheim, wie derselbe einst Sympathie für die Girondisten fühlte und doch im Einklang mit den Schreckensmännern der ersten französischen Revolution handelte. —

Wie sehr Louis Napoleon und seine Freunde übrigens bei jeder Gelegenheit ihren „schwefelgelben bonaparte'schen Komplottfaden" anzulegen bemüht waren, beweist auch der Umstand, daß während der furchtbaren Junitage 1848 sich die Rufe „Vive Barbès!" und „Vive Napoléon!" überall in Paris mischten und eine seltsame Verkuppelung des Socialdemokratismus mit dem napoleonischen Imperialismus erzeugten. Der Bonapartismus suchte eben schon durch den Blutstrom der Junischlacht von 1848 hindurch seinen Weg zu den Tuilerien, den er freilich erst durch den Blutstrom der Decemberschlächterei von 1851 hindurch finden sollte. Vergl. Johannes Scherr, „Von Achtundvierzig bis Einundfünfzig," S. 247 und 263 ff. —

Louis Napoleon saß kaum zwei Monate in der Nationalversammlung, als er schon gegen den Militärdiktator Cavaignac als Candidat für die Präsidentur der Republik auftrat und dabei durch die Wahlausschüsse der sogenannten „Ordnungspartei" unterstützt ward. Die einflußreichen Mitglieder der alten monarchistischen Parteien, welche die Ordnungspartei bildeten, erblickten in Louis Napoleon zu jener Zeit noch immer den Abenteurer von Straßburg und Boulogne, über dessen Haupt hinweg sie ihre royalistischen Pläne spinnen zu können wähnten. Wie das Direktorium unter Barras den General Napoleon einst für sich benutzen zu können glaubte, so gedachte die französische Ordnungspartei von 1848, der die Angst vor dem „rothen Gespenste" stets den klaren Blick trübte, den Volksvertreter Louis Napoleon als Mittel zum Zweck zu gebrauchen; allein in beiden Fällen siegte der Bonapartismus. Das Konsulat des ersten Napoleon und die Präsidentur des dritten Napoleon — beide bildeten die Stufen zum Kaiserthrone. Beide Bonapartes heuchelten dieselbe Liebe zur Republik und zur gesetzlichen Ruhe und Ordnung. —

Eugen Ténot giebt a. a. O. S. 10 einen Auszug des Wahlmanifestes, welches Louis Napoleon am 27. November 1848 erließ; derselbe lautet also:

„Ich bin kein Ehrgeiziger, der bald vom Kaiserreich und vom Kriege träumt, bald von der Anwendung von Umsturztheorien. Ich bin in freien Ländern und in der Schule des Unglücks aufgewachsen, und so werde ich **immer den Pflichten treu bleiben**, die Eure Stimmen und die Beschlüsse der Nationalversammlung mir auferlegen. Sollte ich zum Präsidenten ernannt werden, so würde ich vor keiner Gefahr, vor keinem Opfer in der Vertheidigung der Gesellschaft, die so verwegen angegriffen wird, zurückschrecken; ich würde mich ganz und gar **ohne geheime Absichten** der Befestigung einer Republik widmen, die weise in ihren Gesetzen, ehrlich in ihren Absichten und groß und stark in ihren Thaten ist. Ich würde meine Ehre darein setzen, nach Verlauf von 4 Jahren meinem Nachfolger die Staatsgewalt befestigt, **die Freiheit unversehrt** und einen wahren Fortschritt vollendet zu hinterlassen."

Heuchlerischer und lügnerischer hat selbst Napoleon I. nicht gesprochen, als er die Konsulatswürde antrat. —

Die Präsidentenwahl fand am 10. December 1848 statt. Am 20. December wurde Louis Napoleon zum Präsidenten der Republik eingesetzt. Von 7,327,345 abgegebenen Stimmen erhielt Napoleon Bonaparte 5,434,226 Stimmen, Cavaignac 1,448,107, Ledru Rollin 370,119 und der arme Lamartine nur 17,910. Das blutrothe Gestirn der Napoleoniden stand jetzt wieder hoch am politischen Himmel; es sollte weder Frankreich, noch der übrigen Welt, Ruhe und Glück, Frieden und Freiheit bringen. —

Der Eid, welchen Louis Napoleon in der Sitzung der Nationalversammlung vom 20. December 1848 als Präsident der französischen Republik ablegte, lautet:

„Vor Gott und vor dem französischen Volke, vertreten durch die Nationalversammlung, schwöre ich, der demokratischen einen und untheilbaren Republik treu zu bleiben und alle Pflichten, welche mir die Verfassung auferlegt, zu erfüllen."

Kaum war dieser Eid geschworen, so hielt Napoleon eine von Freiheitsliebe und Verfassungstreue übersprudelnde Rede und ging in seiner Heuchelei so weit, daß er am Schlusse seiner Ansprache auf General Cavaignac zuschritt und demselben in der herzlichsten Art die Hände drückte. In seiner Rede, die oft von Beifall unterbrochen ward, kamen folgende Stellen vor, die den vollendeten Heuchler treffend charakterisiren:

„Ich werde alle Diejenigen als Feinde des Vaterlandes betrachten, welche auf ungesetzlichem Wege versuchen sollten, das zu ändern, was ganz Frankreich festgestellt hat. **Zwischen Ihnen und mir, Bürger Volksvertreter, kann es keinen wirklichen Zwiespalt geben; unser Wille ist einer und derselbe.** Ich will, wie Sie, die Gesellschaft auf ihren Grundlagen feststellen, die demokratischen Einrichtungen befestigen und alle geeigneten Mittel aufsuchen, die Leiden dieses edlen und intelligenten Volks zu lindern. Bei Friede und Ordnung kann sich unser Vaterland wieder erholen, seine Wunden heilen, die Verirrten wieder zurechtweisen und die Leidenschaften beruhigen. Wir haben eine große Aufgabe zu erfüllen: **eine Republik zum Nutzen Aller und eine gerechte, kräftige Regierung zu gründen, die von einer aufrichtigen Liebe zum Fortschritt beseelt ist, ohne reaktionär oder utopistisch zu sein.**" —

Das Resultat der Wahlen, welche im Mai 1849 die gesetzgebende Versammlung in's Leben riefen, war ein für die Republik äußerst beklagenswerthes. Unter den 750 Volksvertretern, welche diese Versammlung ausmachten, zählte man kaum 220—230 Republikaner der verschiedensten Abstufungen. Die Mehrheit der Versammlung wurde, wie Eugen Ténot richtig sagt, von einer verhängnißvollen Leidenschaft beherrscht: „das war die Furcht vor dem Volke, welches sie erwählt hatte, die Furcht vor der Freiheit, die Furcht vor dem allgemeinen Stimmrecht, die Furcht vor den Republikanern." Diese verschiedenen Furchtschattirungen brachten die Bevölkerung Frankreichs gegen die gesetzgebende Versammlung auf, unterhöhlten den Boden, worauf sie stand, und bereiteten den Abgrund vor, in welchen sie selbst stürzte und in ihrem Falle die Republik und die Freiheit mit hineinriß. —

Louis Napoleon wurde im Einklang mit der „ordnungsliebenden" Majorität der Versammlung am 4. Juli 1849 der Mörder der römischen Republik. Während die Franzosen unter dem General Oudinot am genannten Tage in das schweigende Rom einrückten, zog der republikanische Held Garibaldi mit 4000 Freiwilligen zum entgegengesetzten Thore hinaus. Hatte der Onkel die Republik Venedig vernichtet, so zerstörte der Neffe die Republik in Rom. Die Republikaner in der Volksvertretung verlangten umsonst mit aller Energie, daß der Präsident Louis Napoleon in Anklagezustand versetzt werde. Es half nichts. Die gesetzgebende Versammlung gab vielmehr in ihrer Mehrheit bald das unerhörte Schauspiel, wie in einer Republik die Eigenschaft eines Republikaners ein genügender Beweggrund zur Verdächtigung und zur Verfolgung ward. Selbstverständlich opponirte Louis Napoleon solchen Bestrebungen nicht, er nahm vielmehr in aller Stille „eine sorgfältige Reinigung" aller Zweige des Staatsdienstes vor, d. h. jeder Beamte, der im Verdachte des Republikanismus stand, wurde seines Amtes entsetzt. Die Preßprozesse häuften sich, die demokratisch-republikanischen Zeitungen wurden verfolgt, während die royalistischen und napoleontischen Blätter in keiner Hinsicht belästigt wurden, sich vielmehr in zügelloser Frechheit ergeben konnten. Wiederum copirte der Neffe den Onkel in bewundernswerther Weise. —

Es war ein meisterhafter Theaterstreich, womit der bonapartistische Präsident das Ministerium Odilon Barrot am 31. Oktober 1849 entließ, nachdem es ihm die nöthigen Dienste gethan, und sich ein neues wählte, worin Männer, wie Rouher, Fould u. s. w., saßen. „Frankreich beunruhigt sich," erklärte Napoleon mit unverschämter Naivetät in der betreffenden Botschaft, „darüber, daß es keine richtige ministerielle Leitung sieht und **blickt nach der Hand, dem Willen und der Fahne seines Erwählten vom 10. December 1848. An diesem 10. December hat ein ganzes System gesiegt: denn der Name Napoleon ist ganz allein schon ein ganzes Programm.** Er bedeutet im Innern Ordnung, Autorität, Religion, Volkswohl; nach außen nationale Würde." So deutlich konnte der Beschützer eines Pius IX. bereits sprechen, obschon er noch immer hinzuzufügen für gut fand: „Ich will mich des Vertrauens der Nation würdig zeigen durch Aufrechthaltung der Verfassung, die ich beschworen habe." Im Allgemeinen hielt sich Napoleon klüglich im Hintergrunde und ließ die rasch wechselnden Minister für sich handeln. Nur so viel war bereits klar, daß er sich, da er ebenso, wie die Nationalversammlung, aus dem allgemeinen Stimmrecht hervorgegangen war und Millionen Stimmen erhalten hatte, ebenfalls für den Vertreter der Nation und mit keiner geringern Macht, als wie die Legislative sie besaß, bekleidet ansah. Und da er, der Napoleonide, das Recht der Ernennung zu allen Beamtenstellen und den Oberbefehl über die Land- und Seemacht besaß, war der Bewohner des Elysée mächtiger, als die Nationalversammlung, die im Palast Bourbon tagte. Das Volk fühlte ries, und blickte mehr auf ihn, als auf die 750 Volksrepräsentanten, die vor lauter Eifersüchteleien und Streitigkeiten nicht zu dem Erlasse eines vernünftigen Gesetzes kamen. —

Als aber gar die Legislative durch das berüchtigte Gesetz vom 31. Mai 1850, trotz des lebhaftesten Widerspruches der wirklichen Republikaner, das Wahlrecht beschränkte und drei Millionen Wähler vom Stimmrecht ausschloß, da begann das Ansehen der Volksvertretung in Frankreich immer mehr zu sinken. Obschon das Ministerium selbst es war, wie Eugen Ténot bemerkt (S. 21), welches die Ehre in Anspruch nahm, im Namen der ausübenden Gewalt das Gesetz einzubringen, welches das allgemeine Stimmrecht verstümmelte, so trat doch von Tag zu Tag das parlamentarische Element gewaltig hinter dem militärischen zurück, und der Einfluß Napoleon's stieg ebenso sehr, wie sich der der Nationalversammlung verringerte. Herr Thiers, der das Gesetz vom 31. Mai so eifrig befürwortete, um die „gemeine Masse" vom Stimmrecht auszuschließen, mußte bald eine seiner Reden mit den Worten schließen: „Meine Herren, das Kaiserreich ist fertig!"

Und es war fertig. Während der Ferien der Volksvertretung trat Napoleon aus seiner vorsichtigen Haltung heraus und hielt verschiedene Reden, deren drohender Inhalt nicht mißzuverstehen war. In Lyon sagte der Präsident: „Ich bin nicht der Vertreter einer Partei, sondern der Vertreter zweier großer Volksmanifestationen, welche im Jahre 1804 (Gründung des ersten Kaiserreichs), wie im Jahre 1848 (die Abstimmung über die Präsidentur), durch die Ordnung die großen Principien der französischen Revolution retten wollten. Stolz auf meine Abkunft und auf meine Fahne, werde ich beiden treu bleiben; ich stehe dem Lande ganz zu Diensten, was es auch von mir fordern möge. Ich berufe mich auf die Souveränetät des Volkes und erkenne niemand das Recht zu, mehr sein Vertreter zu sein, als ich selbst es bin." Aehnlich sprach er zu Cherbourg und an anderen Orten. Zu Dijon z. B. sagte er: „Wenn meine Regierung nicht alle Verbesserungen, die sie im Sinne hatte, ausführen konnte, so muß man dafür die Durchstechereien der Faktionen verantwortlich machen. Seit drei Jahren hat man beobachten können, daß ich immer die Unterstützung der Nationalversammlung gehabt habe, wenn es sich darum handelte, Unruhen durch Unterdrückungsmaßregeln zu bekämpfen. Wenn ich aber Gutes thun und das Loos der Bevölkerung verbessern wollte, dann hat sie mir ihre Mitwirkung versagt. Wenn Frankreich anerkennt, daß man nicht das Recht hat, über das Volk ohne das Volk zu verfügen, so braucht Frankreich dies nur auszusprechen: mein Muth und meine Thatkraft sollen ihm nicht fehlen." Man sieht, wie sehr Napoleon es sich angelegen sein ließ, die Volksvertretung durch demagogische Künste in Mißkredit zu bringen. Der Augenblick rückte immer näher heran, wo er, wie ehemals sein Onkel, „der Herrschaft des Geschwätzes", d. h. der freien Volksvertretung, ein Ende machen wollte. —

Schon seit den ersten Monaten des Jahres 1851 war der Staatsstreich im Princip beschlossen, dennoch täuschte Napoleon wiederholt durch allerlei Doppelzüngigkeiten seine Gegner. Als aber der Minister des Innern, Herr de Thorigny, am 4. November 1851 den Gesetzesvorschlag zur unmittelbaren Widerrufung des Gesetzes vom 31. Mai 1850 in der Legislative einbrachte, da begriff man, daß der Staatsstreich vor der Thür stehe. Die parlamentarischen Parteien waren gründlich zerrissen; die besseren Generäle, welche Napoleon nicht für sich hatte gewinnen können, waren außer Thätigkeit gesetzt und machtlos geworden; als Haupthelfershelfer zur Ausführung des Gewaltstreiches umgaben Napoleon die Herren: de Morny (ein natürlicher Bruder des Präsidenten von Seiten seiner Mutter, der ehemaligen Königin von Holland, die diesen Sohn von einem Adjutanten Napoleon's I., dem Grafen Flabaut, gehabt hatte), de Persigny, Fleury, Saint-Arnaud, de Maupas und Magnan. Die Maßregeln, die man schließlich ergriff, waren der Hauptsache nach folgende:

1) Nächtliche Verhaftung der Abgeordneten, vorzüglich der Generäle, deren Einfluß am meisten zu fürchten zu sein schien.

2) Nächtliche Besetzung des Palastes der Nationalversammlung; Vertheilung der Truppen auf die strategischen Punkte der Hauptstadt.

3) Druck und Veröffentlichung der Dekrete und Proklamationen des Präsidenten; Beschlagnahme aller republikanischen und parlamentarischen Blätter. —

Als Alles vorbereitet war, wurde der 2. December (1851), der Jahrestag der Krönung Napoleon's I. und der Schlacht von Austerlitz, zur endlichen Ausführung bestimmt. Noch am 1. December, einem Montage, fand im Elysée die gewöhnliche Abendgesellschaft statt, die der Präsident zu geben pflegte. „Der Prinz", sagt Granier de Cassagnac, „zeigte seinen Gästen die unerschütterlichste Ruhe des Geistes und seine gewöhnliche Anmuth im Umgange. Der aufmerksamste Beobachter hätte weder auf seiner Stirn eine Wolke, noch in seinen Worten eine Befangenheit entdecken können." —

Wer Luft dazu in sich verspürt, mag in dieser geheuchelten Ruhe eine große Geisteskraft bewundern; wir können darin nur die verbrecherische Natur eines hartgesottenen Sünders erblicken, der gewissenlos genug war, den Eid, den er am 20. December 1848 geschworen, ohne Bedenken zu brechen, der keinen Augenblick zögerte, sobald der günstige Moment da war, der französischen Republik, zu deren Schutz er berufen, den Todesstoß zu versetzen, der ehrgeizig und herrschsüchtig genug war, durch Ströme von Blut zu waten und Hunderte, ja Tausende der edelsten und besten Bürger Frankreichs in eine todbringende Verbannung zu senden, einzig und allein um den fluchbeladenen Thron der Napoleoniden wieder aufzurichten. —

Die Welt hat es zu ihrem unberechenbaren Schaden erfahren, daß der Staatsstreich des 2. December 1851, ein würdiges Gegenstück des 18. Brumaire 1799, gelang. Die Geschichte dieses Gewaltaktes ist wiederholt und gut beschrieben worden; wir verweisen hier nur auf die mehrfach citirte Schrift von Eugen Ténot. „Der Bonapartismus", sagt Johannes Scherr in seinen „Studien" (II. 372), „wollte sich so recht mit Eclat inthronisiren, der Napoleonismus à la Jupiter tonans unter Blitz, Donner und Kugelhagel sein Auferstehungsfest begehen." —

Als Paris am 2. December 1851 erwachte, fand es überall an den Mauern folgende officielle Bekanntmachung angeschlagen:

Im Namen des französischen Volkes!

Der Präsident der Republik dekretirt:

Artikel 1. — Die Nationalversammlung ist aufgelöst.

Artikel 2. — Das allgemeine Stimmrecht ist wiederhergestellt. Das Gesetz vom 31. Mai ist aufgehoben.

Artikel 3. — Vom 14. bis zum 21. December wird das französische Volk zu seinen Wahlen berufen.

Artikel 4. — Im ganzen Umfange der ersten Militärdivision ist der Belagerungszustand erklärt.

Artikel 5. — Der Staatsrath ist aufgelöst.

Artikel 6. — Der Minister des Innern ist mit der Ausführung des vorliegenden Dekretes beauftragt.

Gegeben im Palast des Elysée's den 2. December 1851.

Louis Napoleon Bonaparte.

Der Minister des Innern, de Morny.

Außerdem richtete Napoleon eine Proklamation an das französische Volk und eine andere an die Armee. In der ersten empfahl er, ein

Staatsoberhaupt auf 10 Jahre zu wählen und die Annahme der Grundzüge der Verfassung vom Jahre 1799. „Dieses System", sagte er u. A., „eine Schöpfung des ersten Konsuls, hat Frankreich schon einmal Ruhe und Glück verliehen; es wird sie ihm zum zweiten Male sichern. Dies ist meine feste Ueberzeugung. Wenn Ihr sie theilt, so erklärt es durch Eure Stimmen. Wenn Ihr glaubt, daß die Sache, deren Symbol mein Name ist, d. h. Frankreich wiedergeboren durch die Revolution von 1789 und organisirt durch den Kaiser, noch immer die Eurige ist, so erklärt es und sanktionirt die Vollmacht, die ich von Euch verlange." —

Aus der Proklamation an die Armee heben wir folgende Stellen hervor: „Soldaten! Seid stolz auf Eure Aufgabe: Ihr werdet das Vaterland retten, denn ich zähle auf Euch, nicht um die Gesetze zu verletzen, sondern um das erste Gesetz des Landes, die Nationalsouveränetät, deren rechtmäßiger Vertreter ich bin, zur Anerkennung zu bringen. Soldaten! Ich rede hier nicht von den Erinnerungen, die mein Name hervorruft. Sie sind in Eure Herzen eingeschrieben. **Wir sind durch unauflösliche Bande vereinigt**; Eure Geschichte ist die meinige. In der Vergangenheit theilten wir Ruhm und Unglück mit einander; in der Zukunft werden wir die Gesinnungen und die Entschlüsse für die Ruhe und die Größe Frankreichs mit einander theilen." — In diesen Worten haben wir die unheilvollste Verbindung des Cäsarismus mit dem Militarismus. Der Verbrecher des 2. December erklärte in seiner Proklamation die Soldaten geradezu für „die Auserwählten der Nation" und suchte sie in der verwerflichsten und schmeichlerischsten Weise gegen die Revolutionäre von 1830 und 1848 aufzuhetzen und seinen verruchten Plänen dienstbar zu machen. —

Der höchste Gerichtshof Frankreichs fügte sich gar bald dem neuen Cäsar, und die Geistlichkeit, welche er mit Gunstbezeugungen überhäufte, war gern bereit, ihre Gebete für ihn zum Himmel emporzusenden. Ein trauriges Zeichen für jene Vertreter der Gerechtigkeit und der Religion.

Bei der Volksabstimmung stimmten von 9,618,057 Wählern 7,439,216 mit „ja", 640,737 mit „nein"; so war Napoleon zunächst Präsident auf 10 Jahre und hatte außerdem das Recht erhalten, in den Institutionen Frankreichs diejenigen Veränderungen einzuführen, die er für angemessen erachten würde. Nach E. Ténot's Angabe stimmten von der Landarmee 303,290 mit „ja", 37,359 mit „nein", 3,626 enthielten sich der Abstimmung; von der Flotte stimmten 15,979 „ja", 5,128 „nein", 486 gar nicht. —

Auf einer Rundreise durch Frankreich im J. 1852 kam Napoleon auch nach Bordeaux und hielt daselbst jene bekannte Rede, worin er sagte: „Frankreich scheint zum Kaiserthum zurückkehren zu wollen. Manche Leute meinen, das Kaiserthum sei der Krieg. Nein, meine Herren, das Kaiserthum ist der Friede." Auch von Napoleon I. erwartete Frankreich den Frieden, und er gab ihm Krieg und nur Krieg; nicht viel anders ist dies mit Napoleon III. der Fall gewesen. Das System beider Bonaparte war, wie wir schon im ersten Kapitel sagten, das System des **Despotismus nach innen und der Eroberung nach außen;** um dies System durchzuführen, mußte das geknechtete Frankreich fortwährend **Blut und Geld** hergeben. —

Auf Veranlassung des Präsidenten versammelte sich am 4. Nov. 1852 der Senat, um eine Abänderung der Verfassung vom 14. Januar desselben Jahres zu berathen. Schon am 7. November wurde ein von 87 Senatoren unterzeichnetes Senatskonsult erlassen, wodurch Louis Napoleon unter dem Namen Napoleon III. zum erblichen Kaiser der Franzosen erklärt ward; auch wurde ihm das Recht verliehen, einen seiner Verwandten zu adoptiren, sobald er ohne männliche Nachkommen bleiben sollte. Seinem Principe getreu wollte aber Napoleon nur durch die Komödie einer allgemeinen Abstimmung den Thron einnehmen; und so geschah es, daß 7,824,189 Wähler für das genannte Senatskonsult stimmten, während sich nur 253,145 Stimmen dagegen erhoben. Am 2. December 1852 wurde der Präsident zum Kaiser ausgerufen. —

Es ist vollkommen überflüssig, hier ausführlich nachzuweisen, wie sehr die Phrase: „L'empire c'est la paix" die Umänderung verdient: „L'empire c'est l'épée". Der Krimkrieg von 1854 bis 1856, welcher allerdings den unerträglichen Uebermuth Rußlands brach, beweist das Gegentheil, er kostete Frankreich viele Tausende an Menschenleben und vermehrte seine Staatsschuld um 1500 Millionen Francs. Am 7. Februar 1859 versicherte Napoleon III. in seiner Rede, womit er die Sitzungen des Senats und des gesetzgebenden Körpers eröffnete, er werde den Frieden zu erhalten suchen und „der Civilisation Geltung verschaffen"; und wenige Monate darauf, nachdem verschiedene Flugschriften, wie z. B. „Napoleon III. und Italien", die „Berechtigung der Nationalitäten" und die „Revision der Verträge" in bonapartistischem Sinne als unentbehrlich für Europa's Ruhe dargethan hatten, war der Krieg zwischen Oesterreich einerseits und Frankreich und Italien andererseits entbrannt. Die Verheirathung des Prinzen Napoleon („Plon=Plon") mit der Prinzessin Clotilde, der ältesten Tochter des

Königs von Sardinien, hatte — wie es hieß — „die Interessen der Völker von Frankreich und Sardinien identisch gemacht." Die Präliminarien von Villafranca, denen bald der Friede zu Zürich am 10. November 1859 nachfolgte, endeten diesen Krieg, wodurch Napoleon eine Vergrößerung des französischen Gebiets an der Alpengrenze vorbereitete, wodurch er Oesterreich demüthigte, die deutschen Staaten mit einander entzweite, Italien in Aufregung und Gährung versetzte und sich, den Gebieter Frankreichs, für die Zukunft als den Beschützer Italiens und gefürchteten Schiedsrichter Europa's hinzustellen wußte. —

Das freisinnige Element in Italien verdammte allerdings diesen Frieden, weil es die verrätherische Freundschaft des Napoleoniden erkannte. Ein langer Schrei des Zornes und der Drohung ertönte von einem Ende Italiens bis zum andern, und Giuseppe Mazzini, der edle Patriot und unermüdliche Agitator, erklärte mit Bezug auf den zu Villafranca eingeleiteten Frieden: „Für Italien hat der französische Despot (Napoleon III.) gewußt, die Verderbniß der Politiker des siebzehnten Jahrhunderts mit dem rohen Griff des Eroberers zu vereinigen: er hat sich zu Mephistopheles und Brennus gemacht." Vergl. G. Mazzini's Schriften, aus d. Italienischen v. Ludmilla Assing, Bd. II. S. 309 ff. —

Die schnelle Beendigung des Krieges mit Oesterreich verfehlte indessen nicht, die Popularität Napoleon's III. unter den Massen zu vermehren und das Vertrauen auf sein Glück, seine Klugheit und seine Kraft zu stärken; dennoch ließen die inneren Zustände Frankreichs vieles zu wünschen übrig. Das allgemeine Stimmrecht vermochte, da ihm die Preßfreiheit und das Vereinsrecht fehlten, die öffentliche Meinung weder zu bilden, noch getreu wiederzugeben; dazu kam die durch Bayonnette gestützte übergroße Centralisation in politischer und administrativer Hinsicht. Die Annahme des Freihandelssystems und die Einführung einiger administrativer Reformen waren nicht im Stande, dem geknebelten Frankreich Ruhe und Zufriedenheit zu verleihen. Deshalb benutzte der Decembermann, um sich sein Ansehen zu erhalten, jede Gelegenheit, sich in die Verhältnisse anderer, näher und ferner liegender Staaten zu mischen. Mit Recht sagt daher Eduard Arnd in seiner „Geschichte der Jahre 1860—1867", Bd. I. S. 71: „Obschon in der Theorie von Napoleon III. der Grundsatz aufgestellt wurde, den Völkern die Anordnung ihrer inneren Angelegenheiten selbstständig zu überlassen, so hat doch in der Praxis, seit den Zeiten Napoleon's I. niemand sich so viel in die Zustände fremder Staaten als der gegenwärtige Beherrscher Frankreichs eingemischt." Natürlich, der Ruhm nach außen sollte der französischen Nation Ersatz bieten für den Verlust der Freiheit nach innen. —

Napoleon III. vermied zunächst Alles, was seine Eroberungspläne in Europa verrathen konnte; er förderte dafür die Macht und das Ansehen Frankreichs im östlichen Asien, in Cochinchina, in China, Japan u. s. w.; er lieh den Maroniten am Libanon, die von den wilden Drusen grausam behandelt waren, Schutz und Beistand, und wollte seine Macht auch in Amerika den Vereinigten Staaten gegenüber zeigen. Hier aber kam der Mörder zweier Republiken übel an. Seine mexikanische Expedition lief elendiglich ab. Das projektirte mexikanische Kaiserthum kostete Frankreich viel Blut und viel Geld, und trug ihm nur Schande und Schmach ein. Von dorther datiren die ersten „schwarzen Punkte", welche auf den bisherigen Glanz der äußern Politik Napoleon's III. verhängnißvolle düstere Schatten warfen. Der Stern des Republikenmörders wurde durch die glorreiche transatlantische Republik zuerst zum Sinken gebracht. Der romantische Erzherzog Maximilian von Oesterreich fiel, ein Opfer seines eigenen Ehrgeizes und verlockt durch die Versprechungen des treulosen Napoleoniden, am 19. Juni 1867 auf dem Cerro von Queretaro durch republikanische Kugeln. Und wohl darf man darin eine kleine Sühne für die Schandthat in der Brigittenau zu Wien und für den Galgen von Arad erkennen. „In Wahrheit", sagt Johannes Scherr, „der Sinn dieser Scene war ein weltgeschichtlichethischer. Denn sie hat gezeigt, wie alle Lug- und Trugmittel des Despotismus, alle Listen und Gewaltsamkeiten zunichte werden an dem standhaften Willen eines Volkes. Sie hat bewiesen, daß es doch noch ein Höheres gebe, als den Triumph des zeitweiligen, so oder so gewonnenen Erfolges, nämlich den Triumph des Rechtes. Sie hat festgestellt, daß der Cäsarismus, dem Europa feige sich fügte, wenigstens in Amerika einen unbesiegbaren Widerstand fand, an welchem das erschlaffte öffentliche Gewissen wieder sich aufrichten und kräftigen kann." Auch die Geistesnacht, welche den Sinn der Erzherzogin Charlotte, der beklagenswerthen Frau Maximilian's, gefangen hält, sie ist verschuldet vornehmlich durch Napoleon III. —

Vergebens suchte Napoleon III. im J. 1863 zu Gunsten Polens zu interveniren; er meinte es ebenso wenig ehrlich mit der Unabhängigkeit Polens, wie sein Onkel. Auch die Idee eines Kongresses sämmtlicher Souveräne Europa's zu Paris konnte nicht verwirklicht werden; der napoleonische Stolz mußte damit zufrieden sein, daß im Jahr 1867 verschiedene Potentaten sich herbeiließen, die Weltindustrieausstellung zu Paris zu besuchen. Die blutigen Lorbeeren, welche der französische

General de Failly bei Mentana gegen den tapfern Garibaldi pflückte, trugen nicht dazu bei, Napoleon's III. schwindenden Ruhm wieder aufzufrischen. Höchstens brachte ihm die Wiederbesetzung von Rom, aus dem er am 12. December 1866 seine Truppen zurückgezogen, den verstärkten Haß der italienischen Patrioten und das famose geflügelte Wort ein: „Nos fusils Chassepot ont fait merveille!" Und als der Kronprinz von Preußen im Jahre 1868 Italien bereiste, zeigte es sich überall, daß das italienische Volk mehr Dankbarkeit für Sadowa, als für Solferino empfand. Hatte doch auch Preußen sich Italiens Bundesgenossenschaft nicht mit der Abtretung von italienischem Grund und Boden bezahlen lassen. Der Schlacht bei Sadowa war nicht, wie der bei Solferino, ein Mentana gefolgt. —

Am meisten aber wurde der Glaube an Napoleon's Klugheit und Macht erschüttert durch die Folgen des preußisch-österreichischen Krieges von 1866. Es war klar, daß er in Betreff Preußens äußerst kurzsichtig gewesen war, indem er beim Beginn des Krieges die preußische Macht gewaltig unterschätzt hatte; er hatte offenbar einen längern Kampf zwischen den zwei deutschen Großmächten erwartet, in welchem die beiden Gegner sich gegenseitig schwächen und ihm zuletzt das einträgliche Schiedsamt zwischen ihnen überlassen würden. In dieser Erwartung aber wurde er gröblich getäuscht; ja, es stellte sich sogar für das ruhmsüchtige Frankreich und für die ganze Welt die überraschende Thatsache heraus, daß Frankreich militärisch gar nicht so übermächtig war, wie man es wohl nach den russischen und österreichischen Kriegen angenommen hatte, und daß ihm das an Bevölkerungszahl und natürlichen Hülfsmitteln viel schwächere Preußen an Kriegsbereitschaft nahezu voranstand. —

Nachdem nun aber der norddeutsche Bund ins Leben getreten, nachdem die Militärverträge mit den deutschen Südstaaten abgeschlossen und Deutschland der lang ersehnten Einheit immer klarer, fester und bewußter entgegen ging, da reifte der Entschluß immer mehr und mehr in der Brust des alternden Napoleoniden, daß er eilen müsse, Preußen zu demüthigen, wie er direkt Rußland und Oesterreich und indirekt auch England gedemüthigt hatte. Dazu kam, daß das Freiheitsbewußtsein in Frankreich selbst immer mehr erwachte und daß der Fortdauer seiner Dynastie in seinem eigenen Lande keine geringe Gefahr drohte, wenn nicht ein siegreicher Krieg Rettung brachte.

Wie Napoleon I. den Höhepunkt seiner schwindelnden Macht nach dem Kriege mit Preußen in den Jahren 1806 und 1807 und nach dem Kriege mit Oesterreich im Jahre 1809 erreicht hatte, und wie von dieser

Zeit an die Klarheit seines Geistes und sein politischer Scharfblick im Abnehmen begriffen gewesen war, so hat Napoleon III. nach dem Frieden zu Zürich im Jahre 1859 in keiner Hinsicht mehr eine glückliche und erfolgreiche That von irgend einer weitgreifenden Bedeutung zu Stande gebracht. Sein wahnsinniges Unterfangen, das Romanenthum auch jenseit des atlantischen Oceans zur Herrschaft zu bringen, ist vollkommen auf eine gleiche Linie zu stellen mit dem gewaltigen Kriegszuge, den sein Oheim, vom Welteroberungswahnsinn gefaßt, im Jahre 1812 gegen Rußland unternahm. Beide Züge, der nach Rußland wie der nach Mexiko, endigten mit einer Niederlage; und wie der erstere der Anfang zum Ende Napoleon's I. war, so wird der letztere der Anfang zum Ende Napoleon's III. sein. —

Die Luxemburgerfrage, die im Jahre 1867 so viel Staub aufwarf, wurde friedlich geschlichtet, obschon Frankreich kolossale Rüstungen vornahm. Auch die Zusammenkunft Napoleon's und Franz Joseph's zu Salzburg im August 1867 hatte keinen Krieg zur Folge; vielmehr mußte Napoleon, als er gegen Ende dieses Monats nach Frankreich zurückkehrte und daselbst eine kleine Rundreise unternahm, von verschiedenen Seiten hören, daß das französische Volk keinen Krieg wolle. Der Bürgermeister von Arras z. B. versicherte ihm, daß Frankreich durch die Vergrößerungen seiner Nachbarstaaten (Preußens) nicht im mindesten an Macht und Einfluß verloren habe und der Friede deshalb nicht gefährdet sei. Hierauf erwiederte Napoleon in heuchlerischer Weise: „Mit Recht haben Sie Vertrauen in die Zukunft. Nur schwache Regierungen suchen in auswärtigen Verwickelungen eine Ablenkung aus inneren Wirren." Die Antwort aber, welche er dem Bürgermeister zu Lille gab, riß den berüchtigten Herrn Paul de Cassagnac zu einem wilden Kriegsgeschrei hin, das er im „Pays" gegen Preußen ausstieß. „Sie sind stolz," sagte er, „auf ihre Militärorganisation, auf ihr erstes und zweites Aufgebot. Sie sehen aber nicht, daß sie nur eine Armee von 200,000 Soldaten haben, und daß der Rest, aus dem sie so viel Geschrei machen, aus Schustern und Bierbrauern besteht. Unsere Zuaven, unsere Garde und unsere Chasseurs brauchen nur in die erste Menschenmauer ein Loch zu brechen; alles Uebrige verschwindet alsdann wie im Jahre 1806. Des Kaisers Rede zu Lille zeigt, daß nun der letzte Schritt rückwärts unabänderlich gethan ist. Sie sollen also schweigen, diese Biertrinker und Sauerkrautesser!"

Solche Prahlereien und Hetzereien der französischen Presse beantwortete in einem Artikel vom 1. October 1867 die „Kreuzzeitung" nicht übel. In diesem Artikel, der in Paris nicht ohne Aufsehen blieb, hieß es: „Wir fürchten uns nicht, aber wir rühmen uns auch nicht. Wir werden niemand angreifen, vor niemandes Angriff aber uns scheuen. Nirgends werden wir Frankreich in den Weg treten, seine inneren Verlegenheiten nicht vermehren. Wir werden uns niemals einmischen in eine Frage, die der Entscheidung Frankreichs anheim steht; allein und frei möge es seinen Gang ordnen. Aber auch wir den unsrigen! Wir sind nicht gemeint, Herrn Drouyn de Lhuys zu bitten, daß Preußen Großmacht bleiben dürfe. Es fällt uns nicht ein, den kaiserlichen Vetter um Belehrung zu ersuchen über die Grenzpflicht des Rheinstroms. Alles das denken wir allein zu besorgen, und wir würden uns jede Intervention mit höflichstem Danke verbitten. Wir hoffen, dies werde genügen; Frankreich wird einsichtiger sein, als die kriegstollen Journale von Paris. Wenn aber doch nicht, nun dann: Fuß beim Maal! und zu jedem Wettgang bereit, trotz aller Turkos und Fächerkanonen. Dem groben Klotz ein grober Keil!" Vergl. Wilhelm Müller, „Politische Geschichte der Gegenwart", I. S. 124 ff. —

Es wäre in der That zu verwundern, daß ein Krieg zwischen Frankreich und Preußen so lange hinausgeschoben werden konnte, wenn nicht diplomatische Erklärungen von Seiten Preußens und Frankreichs kürzlich die Thatsache aufgedeckt hätten, daß zwischen diesen beiden Mächten seit 1866, wenn nicht schon früher, Verhandlungen gepflogen wurden, welche auf eine Grenzerweiterung Frankreichs hinausliefen. Das Nähere werden wir im nächsten Kapitel über diesen Punkt zu berichten haben. —

Der griechisch-türkische Konflikt, welcher zu Ende des Jahres 1868 ausbrach und einen europäischen Krieg zu entzünden drohte, wurde durch die Thätigkeit der im Januar und Februar 1869 versammelten pariser Konferenz beigelegt. —

Das Jahr 1869 begann somit scheinbar friedlich. Die Thronrede, womit Napoleon III. die letzte Session des gesetzgebenden Körpers am 18. Januar dieses Jahres eröffnete, war — da eine Neuwahl dieses Körpers nahe bevorstand — ein wohlberechnetes Wahlmanifest, worin eindringlich auf „die Macht, Weisheit und Güte" des zweiten Kaiserreiches hingewiesen wurde. Bei der Budgetberathung am 2. März griff Herr Thiers bitter das persönliche Regiment des Kaisers an. „Es darf," äußerte er sich, „in einer gut organisirten Regierung nur einen Willen geben: den Willen des Landes. Es ist verzeihlich, wenn das Land die Freiheit mit einiger Ungeduld zurückfordert; denn es ist nicht fremdes Gut, was das Land verlangt, sondern sein eigenes." Der alte parlamentarische Streiter führte dann aus, daß von den fünf

Grundfreiheiten, die jeder gut und frei regierte Staat besitzen müsse: Freiheit und Sicherheit des Einzelnen, Freiheit der Presse, Wahlfreiheit, Freiheit des Parlamentes und Ministerverantwortlichkeit, das Kaiserreich keine einzige in vollem Maße besitze. In Hinsicht auf die noch immer existirenden Kriegsgerüchte sagte er: „Welche Partei wird Frankreich bei den sich vorbereitenden Ereignissen ergreifen? Ich weiß es nicht. Wenn ich ihm aber einen Rath zu geben hätte, so würde es der des **Friedens** sein; ich würde ihm rathen, **nur dann das Schwert zu ziehen**, wenn unerträgliche Unternehmungen es dazu zwängen, und wenn es hierzu auf die Zustimmung und Beihülfe der Welt rechnen könnte. Wem kommt es aber zu, diesen weittragenden Entschluß zu fassen? **Frankreich allein**. Es darf dem nicht ausgesetzt sein, daß es eines Morgens beim Erwachen den Befehl für seine Kinder vorfindet, nach der Grenze zu marschiren. Die Freiheit bedeutet also unter den gegenwärtigen Umständen, daß **die Nation selbst über die Frage des Krieges und Friedens beschließen soll**. Ihr Anrecht an die Freiheit ist klar wie die Sonne. Die Freiheit ist ihr Recht und ihr theuerstes Lebensinteresse." — Der Volksrepräsentant Garnier-Pagès stellte das Rechenexempel auf, daß Frankreich für Heer und Marine mehr ausgebe, als ganz Norddeutschland und Oesterreich zusammen, und drang darauf, daß Frankreich mit der Entwaffnung vorangehe. „Euer System," rief er der Regierung zu, „ist der bewaffnete Friede in der Hand eines Einzigen, das unsrige ist der entwaffnete Friede in der Hand der Nation." Vergl. Wilhelm Müller, a. a. O. III. S. 24. —

Wie sehr es Napoleon III., trotz aller gleißnerischen Friedensversicherungen, auf Streit mit Preußen und auf den Besitz von Belgien abgesehen hatte, beweist der vom Zaune gebrochene Handel wegen der belgischen Eisenbahn im Frühjahr 1869. Als Belgien den unverschämten Forderungen seitens der französischen Regierung nicht nachkam, sondern sein Recht vertheidigte, rührten die officiösen und officiellen Zeitungen in Frankreich gewaltig die Kriegstrommel und griffen direkt Preußen an. „O Enkel der Besiegten von Jena," sagte Clement Duvernois im „Peuple", „welche Thorheit von euch, uns zu reizen! Habt ihr denn vergessen, daß der tausendjährige Haß gegen die Engländer sich verwandelt hat in den Haß gegen die Preußen? 1815 und Waterloo klingen noch in unseren Ohren wie eine Todtenglocke, und die Stunde der Rache wird ungeduldig erwartet von den französischen Patrioten. Wir kennen ihn, den Weg, der zu euch führt!" Dem ähnlich schrieb Paul de Cassagnac, der bei der ultramontan gesinnten Kaiserin Eugenie, der Freundin Isabella's II., sehr in Gunst steht, im „Pays": „Belgien, die Höhle des kosmopolitischen Banditen geworden; Belgien, undankbar und trotzig gegen Frankreich; Belgien, den Dolchen des Mörders als Wetzstein dienend; Belgien, das Tunis und Algier aller Piraten von der Feder — das giebt eine schöne Abrechnung in der Zukunft, welche wir in der vollen Unabhängigkeit unserer Ueberzeugungen von ganzem Herzen herbeiwünschen!" Diese Worte verrathen nur zu deutlich die wilde Gier nach der Besitznahme von Belgien. Allein „Antwerpen in den Händen der Franzosen" hat einen kaum schlechteren Klang als „Konstantinopel in den Händen der Russen." Die übrigen europäischen Mächte, England und Preußen an der Spitze, werden daher niemals Belgien gegen Frankreich im Stiche lassen. —

Die Neuwahlen im Mai 1869 ergaben einen starken Zuwachs der Opposition; und so ließ sich Napoleon III., um den herannahenden innern Sturm zu beschwichtigen, zu nicht unwesentlichen Reformen bereit finden. Und dies war in der That nothwendig. Seit Jahren hatte seine Politik nur Schläge und immer Schläge, statt Siege, davongetragen. Das „Orakel an der Seine" hatte allen Kredit verloren; die beständigen Interventionen, veranlaßt durch die klerikale Kaiserin, brachten nicht Ruhm, sondern Haß ein. Da mußte wenigstens Etwas geschehen, einestheils um der stets kühner werdenden Opposition zu begegnen, anderntheils um für den kommenden Krieg die Sympathien des Volkes zu gewinnen. —

Der Marschall Niel, welcher so begierig gewesen, einen blutigen Waffengang mit Moltke und Roon zu thun, starb am 13. August 1869; allein die Kaiserin Eugenie, welche von ihren Verehrern als „der einzige Mann in den Tuilerien" bezeichnet wurde, sorgte dafür, daß das Kriegsfeuer nicht zum Auslöschen kam. —

Napoleon seinerseits ergänzte seine Botschaft vom 12. Juli durch die am 15. August, dem hundertjährigen Geburtstage Napoleon's, erlassene Amnestie. Und obschon ihm Rouher, einer seiner ältesten und vertrautesten Helfershelfer, sehr theuer war, so entließ er ihn doch am 17. Juli aus seinem Ministerrathe und beauftragte, nachdem etwa ein halbes Jahr Kreaturen von Rouher ein sogenanntes Uebergangsministerium gebildet hatten, Emil Ollivier, den früheren Republikaner, der aber seit langes Zeit bereit war, Seele und Leben für einen Ministerposten zum Opfer zu bringen, mit der Bildung eines neuen Ministeriums. Dasselbe kam in den ersten Tagen des Januars 1870 zu Stande. Nachdem dann am 8. Mai 1870 durch ein neues Plebiscit das französische Volk dem friedliebenden Napoleon III. und seiner Dynastie ein neues Vertrauensvotum gegeben hatte, ernannte der Kaiser den Herzog von Gramont, früheren Botschafter in Wien, zum Minister der auswärtigen Angelegenheiten. Kaum war diese Ernennung bekannt geworden, so verbreitete sich über Europa eine Menge von Sensationsnachrichten, die diesmal wohl begründet waren. —

Napoleon III. hatte es verstanden, mit der raffinirtesten Heuchelei den Freiheits- und Friedensfreund zu spielen, er hatte eine Anzahl von Handlungen vorgenommen, die ihm den Anschein gaben, als wolle er seine Dynastie durch fortschrittliche Maßregeln befestigen, er hatte Ollivier, der so oft und so energisch dem Frieden und der Nichteinmischung in die Angelegenheiten Deutschlands das Wort geredet, zum Premierminister gemacht, er hatte dies Alles und noch mehr gethan, um Preußen, Deutschland und die ganze civilisirte Welt einzuschläfern und über seine wahren Absichten zu täuschen; und als er nun die Zeit gekommen glaubte, loszuschlagen, um das ihm so verhaßte Preußen zu demütigen und Deutschlands Einigung zu hindern, da ließ er die Maske fallen, und man sah die ganze häßliche Teufelsfratze des verruchten Decembermannes, der nur durch Ströme von Blut seinen Thron errichten konnte und nur durch Ströme von Blut denselben erhalten zu können meint, man sah den Bonapartismus in seiner vollen Abscheulichkeit. —

Das Nähere, wie dies geschah, im nächsten und letzten Kapitel.

Drittes Kapitel.
Der deutsch-französische Konflikt vom Jahre 1870.

„Mach' deine Rechnung mit dem Himmel, Vogt!
Fort mußt du, deine Uhr ist abgelaufen."

Schiller.

Der Sommer von 1870 war herangekommen und es schien, als wenn die drohenden Kriegswetter, ohne einzuschlagen, vorüberziehen sollten. Ollivier, der unzählige Male die Friedenspolitik befürwortet hatte, der noch am 15. Mai 1868 eine begeisterte Friedensrede*)

---

*) „Anstatt den größten Theil der Ressourcen des Budgets zur Entwickelung der innern Wohlfahrt zu verwenden," sagte er in dieser Rede, „anstatt hielt, die in ganz Europa einen wohlthuenden Wiederhall fand, derselbe Ollivier sagte, als Jules Favre und Garnier-Pagès am 30. Juni 1870 im gesetzgebenden Körper zu Paris die Verminderung der aktiven Armee, Verkürzung der Dienstzeit und Entwaffnung befürworteten und Erklärungen seitens der Regierung über die auswärtige Politik verlangten: „Die französische Regierung ist in keiner Weise beunruhigt. Ich darf erklären, daß zu keiner Zeit die Erhaltung des Friedens mehr gesichert war, als gegenwärtig. Nirgends giebt es eine aufregende Frage; die Cabinette begreifen, daß die Verträge aufrecht erhalten werden müssen. Der Pariser Vertrag von 1856 und der Prager Frieden werden als Verträge betrachtet, welche respektirt werden müssen. Wenn man fragt, was die Regierung gethan habe, so erwidere er, sie habe viel gethan, sie habe die Freiheit entwickelt, um den Frieden zu sichern, sie habe etwas noch Wirksameres gethan, indem sie die zwischen der Nation und dem Souverän herrschende Einigkeit zum äußern Ausdruck gebracht habe. Mit einem Worte, die Regierung hat das französische Sadowa gewonnen, nämlich das Plebiscit." — Diese Worte konnten, obschon sie den vielleicht etwas zweideutigen Prager Frieden als Friedensgrundlage Europa's hinstellten, doch im Wesentlichen nur als ein Friedensmanifest angesehen werden; und es war deshalb nicht zu verwundern, daß die

---

eine Politik des Friedens und der Entwaffnung zu ergreifen, verfolgt die französische Regierung eine Politik, die nicht der Krieg, die aber auch nicht der Friede ist. Es giebt nur zwei Wege, aus dieser Lage herauszukommen. Der erste ist der Krieg. Viele Leute glauben, der Krieg sei nothwendig, es sei eine Ehrensache zwischen Frankreich und Deutschland zu erledigen. Dies wird gesagt, geschrieben und verbreitet. Aber meiner Ansicht nach wäre der Krieg ein Unglück. Ich spreche nicht im Namen der Brüderlichkeit, im Namen der Gefühle, welche mit der Politik nichts zu schaffen haben; ich spreche im Namen der Interessen. Die Erfahrung hat jenes Wort Montesquieu's bestätigt: ‚Die Männer des Krieges sind es, die Europa ruiniren werden.‘ Der Krieg hat niemals irgend etwas gethan, nie eine Frage gelöst. Vergeblich würdet ihr siegreich sein, vergebens hättet ihr Deutschland zurückgedrängt, den Rhein erobert. Nach dem Siege würdet ihr weniger leicht entwaffnen können, als vor dem Kriege. Ihr würdet noch genötigt sein, eure Armeen zu vergrößern, und das Mißbehagen der Welt würde nicht aufhören. Der Krieg ist somit meiner Ansicht nach eine unpraktische, verderbliche Lösung, ein tastender Ausweg. Die wahre Lösung ist der Friede, aber der Friede mit der Entwaffnung, der Friede mit der Freiheit, ohne welche der Friede weder glorreich noch sicher ist." Ganz anders dachte und sprach der Renegat des Republikanismus, Hr. E. Ollivier, als er — gefangen in den Netzen des Bonapartismus — die Erhaltung der napoleonischen Dynastie als das Hauptziel seiner Politik verfolgte.

demokratisch gesinnten Parteien in verschiedenen Ländern Europa's auf eine Vereinigung von französischen, norddeutschen, österreichischen und italienischen Parlamentsmitgliedern drangen, um nach einem gemeinsamen, gleichzeitigen und gleich formulirten Plan in den betreffenden Parlamenten für die Abrüstung Europa's aufzutreten und die Diplomaten zu zwingen, die in Phrasen eingekleideten Friedensversicherungen durch unleugbare Thaten zu bewahrheiten. Die auf Ollivier übergegangene Doppelzüngigkeit der Bonapartisten täuschte viele ehrliche Freiheitsfreunde, denen man sonst politischen Scharfblick gerade nicht absprechen kann; man hielt einen Krieg in der That nicht für so nahe bevorstehend, selbst unter der Voraussetzung, daß Ollivier's Rede vom 30. Juni für die Aufrechthaltung des Friedens ohne wirkliche Bedeutung sei, da dieser wetterwendische Staatsmann — wie es sich auch nur zu bald als wahr herausstellte — gar wohl von Napoleon ganz dupirt oder auch ganz und gar bonapartisirt, d. h. zu einem vollendeten Lügner und Heuchler gemacht werden konnte. —

Auch bei Gelegenheit der Petition der orleans'schen Prinzen, welche die Aufhebung des Verbannungsdekrets gegen sie beantragt hatten, trat Ollivier mit gewaltiger Energie der Ruhe und des Friedens wegen für Aufrechthaltung dieses Dekrets ein, obschon oder vielmehr weil, wie Jules Favre richtig bemerkte, es in Wahrheit einzig und allein ein dynastisches und persönliches Interesse war, welches den Siegelbewahrer so sehr das Verbannungsgesetz vertheidigen ließ. Der Bonapartismus zeigte sich eben weniger großmüthig, als die Republik es war, die auf Louis Blanc's beredte Fürsprache gleich nach der Februar-Revolution das Verbannungsdekret gegen die Familie Bonaparte aufhob. —

Am 26. Juni starb Armand Barbès, den Proudhon den Bayard der französischen Demokratie nannte, zu Brüssel in der Verbannung, da er im J. 1854 die Begnadigung von Seiten Napoleon's stolz zurückwies. Der Tod dieses edlen Republikaners machte in Frankreich tiefen Eindruck. —

Am 24. Juni fand eine wunderbare Todtenfeier auf dem Schlachtfelde von Solferino statt. Italienische, französische und österreichische Officiere, Minister und sonstige Beamten nahmen eine förmliche Schädel- und Gebeine-Ausstellung vor, indem sie in zwei, dem Schlachtfelde nahe gelegenen Kapellen 8000 Schädel erschlagener Krieger kunstgerecht, wie Büchsen in der Apotheke, aufschichten ließen. Diese barbarische Feierlichkeit, der noch ein solennes Festmahl mit obligaten Trinksprüchen folgte, wird indeß, wie die Berliner „Volkszeitung" vom 6. Juli mit Recht sagte, von der Kulturgeschichte der Zukunft, da sie es vom Standpunkte eines geläuterten Urtheiles nicht anders verdient, als ein die wahre Humanität entehrendes und herabwürdigendes Cannibalenfest verdammt werden. Was in gewisser Hinsicht eine **Friedensfeier** sein sollte, das war in Wahrheit die ominöse Vorfeier neuer blutiger **Kriegesthaten.** —

Es herrschte bis zum Anfange des Julimonates eine fast absolute Stille in der sogenannten großen Politik; da war es der spanische Marschall **Prim**, der mit einem Schlage die unheimliche Ruhe, welche gewöhnlich einem wilden Sturme voranzugehen pflegt, stören sollte. Dieser Marschall, der schon so lange nach einem Könige für Spanien sucht und keinen finden kann, hatte endlich den ältesten Sohn des Fürsten Karl Anton von Hohenzollern, den Erbprinzen Leopold, bereit gefunden, die spanische Krone anzunehmen, natürlich unter der Voraussetzung, daß diese Krone ihm in streng verfassungsmäßigem Wege vom spanischen Volke übertragen werde. Diese Nachricht schlug wie eine zündende Bombe in den Hexenkessel des gesetzgebenden Körpers zu Paris ein. Dieselbe Versammlung, in der noch bei der kurz vorher stattgehabten Budgetdebatte die Redner der Linken und der Minister Ollivier sich als Friedensapostel gerirt hatten, schien ein rasender Chauvinistenclub geworden zu sein, so daß die „Kölnische Zeitung" mit Recht fragen konnte: „Seid ihr — dort drüben überm Rhein — toll geworden?"

Die Erklärung, welche der französische Minister des Auswärtigen, der Herzog von Gramont, im gesetzgebenden Körper auf die Interpellation Cochery's wegen der **Kandidatur des Prinzen von Hohenzollern** verlas, während die ganze Versammlung gespannt zuhörte, lautet wörtlich:

„Ich will auf die Interpellation des Hrn. Cochery antworten. Es ist wahr, daß Prim dem Prinzen von Hohenzollern die Krone von Spanien angetragen hat, und daß dieser sie angenommen hat; aber das spanische Volk hat sich nicht ausgesprochen, und wir kennen nicht die Einzelheiten einer Unterhandlung, die uns verborgen geblieben ist. (Bewegung.) Wir hatten stets Sympathie für Spanien gezeigt, wir haben niemals für irgend einen Prätendenten Partei genommen, wir haben die Neutralität bewahrt. Wir werden in unserm Verfahren beharren; aber unser Respect für die Rechte eines benachbarten Volks kann nicht machen, daß wir eine fremde Macht versuchen lassen, den Thron Karl's V. wieder aufzurichten und zu unserm Nachtheil das gegenwärtige Gleichgewicht Europas zu zerstören und die Interessen und die Ehre Frankreichs in Gefahr zu setzen. (Applaus und Bravo!) Diese Eventualität wird sich nicht realisiren. Wir rechnen auf die

Weisheit des deutschen Volks und auf die Freundschaft des spanischen Volks. Wenn dem nicht wäre, so würden wir, auf Sie und die Nation gestützt, unsere Pflicht ohne Zaudern und ohne Schwachheit zu erfüllen wissen."

Die ganze Wuth, der ganze Groll, die verzehrende Eifersucht, welche so lange die französischen Chauvinisten gegen Preußen und Deutschland beseelt hatten, brachen ungezügelt los. Man verschwieg oder wollte nichts davon wissen, daß der Erbprinz Leopold von Hohenzollern-Sigmaringen ebenso sehr und mehr mit dem französischen Kaiserhause verwandt sei, als mit dem preußischen Königshause; denn während dieser Prinz mit dem letzteren nur in Stammesgemeinschaft, nicht in wirklich naher Verwandtschaft steht, war seine Großmutter auf Vaterseite Marie Antoinette Murat, seine Großmutter auf Mutterseite die Vicomtesse Stephanie von Beauharnais, Adoptivtochter Napoleon's I., welche Großherzogin von Baden wurde. Napoleon III. und seine Regierung thaten nichts, um den tobenden Chauvinismus zu zügeln, sie suchten vielmehr das Kriegsfeuer zu immer lichteren Flammen anzufachen; namentlich aber war es die Kaiserin Eugenie, diese bigotte, kriegstolle Betschwester, welche ihre Intriguen zu Gunsten des Sohnes Isabella's II. gescheitert sah und nun, von glühendem Hasse und finsterem Fanatismus getrieben, ihre Hyänenwuth vor allen Dingen im Kriege gegen das **protestantische Norddeutschland** kühlen wollte, welches die Kraft und den Willen gezeigt hatte, in nicht zu ferner Zeit die Einheit Deutschlands zu bewerkstelligen. —

Man redete dem französischen Volke ein, Kaiser Napoleon III. dürfe um der Interessen und der Ehre Frankreichs willen nicht zugeben, daß ein Prinz aus dem Hause Hohenzollern Spaniens Thron besteige, um so weniger als dazu nicht die Erlaubniß der Napoleoniden lange vorher eingeholt sei; man that, als ob die Regierung Napoleon's sich nie darum besonders gekümmert hätte, wer der künftige König von Spanien sein würde; man spielte mit echt bonapartistischer Unverschämtheit und Heuchelei den Unschuldigen. Betrogenen und Verrathenen, der stets die Rechte der Unabhängigkeit und Freiheit seiner Nachbaren geschont habe, — aber man vergaß oder wollte nichts davon wissen, daß nahezu ein ganzes Jahrhundert hindurch drei Reiche: Frankreich, Spanien und beide Sicilien, von einer und derselben französischen Dynastie, den Bourbons, beherrscht wurden — von der Raub-Universalmonarchie des ersten Napoleon gar nicht zu reden; man verschwieg, daß Napoleon III., das Princip der nationalen Selbstbestimmung der Völker mißbrauchend, Nizza und Savoyen an sich riß und fast vor Heißhunger verging. Luxemburg, Belgien und das linke Rheinufer (die sogenannten „natürlichen Grenzen" Frankreichs) seinem Scepter zu unterwerfen. „Das Haus Hohenzollern," so hieß es, „darf nicht die Rolle des Hauses Habsburg spielen und eine Wiederbelebung der Monarchie Karl's V. mit hohenzollern'scher Führung versuchen wollen; Frankreich hat die Macht, das Recht und den Willen, ein solches Unternehmen zu verhindern." Man wollte den Beweis liefern, daß die „grande nation", die „an der Spitze der Civilisation marschirt," unter dem „Civilisator" Napoleon III. noch immer ihre raublustigen Finger in jedermanns Angelegenheiten haben und den europäischen „Hans in allen Gassen" spielen kann. Deshalb war es auch ganz gleichgültig für die kriegswüthigen Machthaber in Frankreich, daß der Erbprinz Leopold seine Kandidatur für die spanische Königskrone zurückzog; man verlangte vielmehr von König Wilhelm von Preußen, als er sich seiner Gesundheit wegen in Bad Ems aufhielt, in der gröbsten und herrschsüchtigsten Weise, daß er dafür Bürgschaft leiste, daß niemals irgend ein Hohenzoller den spanischen Thron besteige. Zu derselben Zeit denuncirte man in blindem Ingrimm den Prinzen Leopold bei dem spanischen Volke als einen Enkel jenes Murat, an dessen Namen sich die „schmerzlichen Erinnerungen" des Verrathes und der blutig unterdrückten Rebellion vom 2. Mai 1808 knüpfen. —

Es war klar, daß der König Wilhelm von Preußen das an ihn gestellte sonderbare Verlangen als deutscher Fürst und als Ehrenmann nicht erfüllen konnte, daß er vielmehr dem frechen und zudringlichen Gesandten Frankreichs, Herrn Benedetti, mit Anstand die Thüre weisen mußte. — So rückte die Stunde des Krieges immer näher heran. Die europäischen Mächte, wie z. B. England, Rußland, Oesterreich und Italien, die ebenfalls die Kandidatur des Prinzen Leopold nicht gern gesehen hatten, konnten nicht umhin, das Benehmen des französischen Gesandten zu Ems zu verdammen und mit der Rücktrittserklärung des Prinzen Leopold die Ursache für einen Krieg entfernt zu halten. In der französischen Kammer selbst protestirten die Führer der Linken mit kühnem Freimuth gegen das rasende Beginnen Napoleon's und seiner feilen Schergen. „Das sind dynastische Fragen," rief Garnier Pagès, „die den Frieden Europa's stören. Die Völker haben nur Grund, sich zu lieben und sich gegenseitig zu helfen. Die Fürsten hassen sich und können den Krieg wünschen, aber die Völker lieben sich und wollen den Frieden." —

Umsonst; der Bonapartismus wollte den Krieg, nicht um Frankreichs, sondern um des Bonapartismus willen. Der schwarze

Aar Preußens, die Einheit und Freiheit Deutschlands, — sie waren das Alpdrücken der Träume Napoleon's III., und Herr von Bismarck und dessen Politik mußten als der Sündenbock aller Mißvergnügtheiten und aller Thorheiten des französischen Tyrannen dienen. Nicht bloß der Kriegsminister Leboeuf und der Herzog von Gramont forderten, nach einem kurzen Zögern, als das „Pays" und andere chauvinistische Blätter erklärten: „das Ministerium ist ein Ministerium der Schande, so es den Frieden proklamirt," den Krieg; auch Herr Ollivier, „des Kaisers friedlicher Oelzweig," rasselte dergestalt mit dem Säbel, daß böse Zungen in Paris bemerkten, er habe sich „den Säbel des seligen Dodolphe (Spitzname des Marschalls Adolphe Niel) von dessen Wittwe geborgt." —

Das französische Ministerium stellte die Behandlung, welche König Wilhelm dem Herrn Benedetti hatte angedeihen lassen, als eine ganz ungerechtfertigte dar, als einen unerhörten Schimpf, der Frankreich angethan sei und den es nur mit Blut abwaschen könne. Preußen sei überhaupt in den letzten Jahren zu übermüthig geworden, man habe sich schon zu viel von ihm gefallen lassen, es müsse endlich zur Rechenschaft gezogen und bestraft werden. Es liege eine Depesche von Herrn von Bismarck vor, die beleidigend für ganz Frankreich sei u. s. w. Vergebens verlangte die Linke, unterstützt von Herrn Thiers und Anderen, die Vorzeigung dieser Depesche. „Ich verlange," rief Thiers in der Sitzung der Legislative vom 15. Juli, „angesichts des Landes, daß man uns die Depesche vorlege, welche seitens des Kabinets einen Entschluß hervorgerufen hat, der eine Kriegserklärung ist. Ich weiß, wessen Menschen fähig sind unter dem Einflusse ihrer Aufregungen. Ich halte den bevorstehenden Krieg für sehr unvorsichtig und der Tag wird kommen, wo Sie Ihre Uebereilung bedauern werden." Die Depesche wurde aber nicht vorgelegt, da sie in der Form und mit dem Inhalte, wie Ollivier sie geschildert hatte, überhaupt nicht existirte. —

Wie sich im gesetzgebenden Körper gewichtige Stimmen gegen den Krieg erklärten, so machten die Bürger und Arbeiter von Paris, nicht weniger die Studenten, entschiedene Friedensdemonstrationen. Auch in der Presse wurde offen gegen den Krieg mit Preußen, resp. Deutschland, protestirt. „Vergebens," sagte z. B. der „Siècle," „würde man in den theatralischen Tiraden des Kabinetschefs (Ollivier) eine einzige Rechtfertigung für sein politisches Verfahren finden, man findet nur Widersprüche und Unsinn darin. Nirgends die geringste Sorge für die wahren nationalen Interessen Frankreichs.... Es ist möglich, daß der Herr Siegelbewahrer mit leichtem Herzen Tausende von Menschen in den Kampf stürzt; aber er wird erlauben, daß andere Geister, die mehr von Politik verstehen, als er, sich noch erst bedenken, ehe sie den Krieg billigen, in welchen man so leichtsinnig unser Land verwickelt. Wenn das Tuileriencabinet behauptet, eine Depesche des Herrn von Bismarck in Händen zu haben, die für Frankreich beleidigend sei, so wäre es ganz einfach gewesen, diese Depesche vorzulegen, sie der Kammer zu zeigen. Dann, aber nur dann erst wäre der Krieg populär gewesen, weil Frankreich nie zaudert gegen den Feind zu marschiren, wenn seine Ehre angegriffen ist." Selbst die pariser Freimaurerloge Justice faßte den Beschluß: „In Erwägung, daß principiell der Krieg, eine barbarische Form des veralteten göttlichen Rechts, durch das moderne auf Vernunft und Gerechtigkeit gegründete Menschenrecht zurückgewiesen wird; daß die einzigen Bedingungen, unter denen eine Berufung auf Waffengewalt zulässig ist, Vertheidigung des vaterländischen Bodens, Strafe für eine wahrhaft nationale Beschimpfung oder Empörung gegen die Tyrannei sind; daß in der gegenwärtigen Lage der Krieg keineswegs ein letztes Rettungsmittel für unser französisches Vaterland, vielmehr nur ehrgeizige Bestrebungen und gekränkte Eitelkeit der Gewalthaber zur Ursache hat und nur den Zweck verfolgt, dynastische Interessen zu retten, welche durch das drohende Erwachen des Freiheitsgeistes gefährdet sind," — einen energischen Protest gegen den beabsichtigten Krieg zu erheben, und forderte die Schwesterlogen auf, sich diesem Proteste anzuschließen. —

Allein der Napoleonide wollte den Krieg, er wollte ihn, weil er glaubte, daß der Krieg seinen immer wackeliger werdenden Thron allein wieder befestigen könnte. Ducunt volentem fata, nolentem trahunt. Im Jahre 1869 und in den ersten Monaten des Jahres 1870 waren in vielen großen Städten Frankreichs, namentlich in Paris, Unruhen ausgebrochen, die oft durch Militär gedämpft werden mußten. Die vielfachen Niederlagen der kaiserlichen Politik konnten nicht mehr vertuscht werden; das Volk fing an, die Unfehlbarkeit Napoleon's III. zu bezweifeln; während die Frauen der bonapartistischen Kreise eines sehr zweideutigen Rufes genossen, waren die Männer durchschnittlich Libertins, Börsenspieler und Raufbolde. Pierre Bonaparte stand als gemeiner Mörder vor Gericht, während sein Opfer vom Volke in imposanter Weise zu Grabe getragen wurde; ein Vetter dieses Pierre Bonaparte und Enkel des großen Reitergenerals Murat wurde ebenfalls gerichtlich belangt, weil er sich an seines eigenen kaiserlichen Vetters Angestellten rechtswidrig vergriffen hatte. Das letzte Plebiscit, welches den Beweis lieferte, daß die kürzlich verliehenen, freisinnigen Verfassungsänderungen nur auf Schein berechnet waren, entfremdete dem alternden Kaiser wiederum die Männer, die einen Augenblick ihn zu unterstützen geneigt waren. Das politische Chamäleon Ollivier konnte über keine feste Mehrheit in den Kammern mehr gebieten und war in einem fortwährenden Wanken und Schwanken begriffen. Die kaiserliche Majestät in den Tuilerien war mit ihren Taschenspielerkünsten in eine Sackgasse gerathen, aus der sie kaum einen Ausweg finden konnte. Die 60,000 Nein, die bei dem letzten Plebiscit trotz aller Anstrengungen von Soldaten gegen die bonapartistische Dynastie gegeben waren, die bedenklichen Vorgänge in manchen Garnisonen, z. B. in Straßburg, wo sich gegen 240 Unterofficiere und Gemeine verschworen, für die Republik und dafür zu wirken, daß das Militär bei ausbrechenden Unruhen seine Dienste versage — dies Alles und noch manches Andere bestimmte Napoleon III., dem unruhigen Geiste der Franzosen nach außen hin Beschäftigung zu verschaffen, wie es sein Oheim gethan, den Freiheitsdurst des Volkes mit „gloire" zu stillen und für die drohende Mißernte in Frankreich Ersatz aus den reichen Fluren Deutschlands zu bieten. — Ja, die Dinge waren in der That dahin gekommen, daß der schwach werdende Napoleonide, um seine Dynastie zu erhalten, entweder wahrhaft und rückhaltslos freisinnig und parlamentarisch regieren mußte, oder daß er seine ehrgeizigen, auf fremde Größe und Macht so leicht neidischen Franzosen durch den günstigen und ruhmreichen Erfolg seiner äußern Politik zu ködern hatte, um wenigstens wieder auf einige Zeit Luft zu gewinnen. Da nun aber ein echter Bonaparte Alles eher kann, als eine wirklich und wahrhaft freie Regierung führen, so wählte er den Krieg mit Preußen, welches er vergeblich als Helfershelfer bei seinen habgierigen Eroberungsgelüsten zu engagiren und abzunutzen versucht hatte, er wählte den Krieg mit Preußen, weil er Waterloo an Preußen noch nicht gerächt hatte und weil er wähnte, Süddeutschland würde Norddeutschland im Stiche lassen und Preußen würde ihm so ziemlich isolirt gegenüberstehen. —

Am 19. Juli, Mittags 1½ Uhr, wurde die französische Kriegserklärung, die erste und einzige schriftliche Mittheilung, welche die preußische Regierung in dieser ganzen inhaltsschweren Angelegenheit von der französischen erhielt, an Preußen abgegeben; sie lautet wie folgt:

„Der unterzeichnete Geschäftsträger Frankreichs hat in Ausführung der Befehle, die er von seiner Regierung erhalten, die Ehre, folgende Mittheilung zur Kenntniß Sr. Excellenz des Herrn Ministers der auswärtigen Angelegenheiten Sr. Majestät des Königs von Preußen zu bringen: Die Regierung Sr. Majestät des Kaisers der Franzosen, indem sie den Plan, einen preußischen Prinzen auf den Thron von Spanien zu erheben, nur als ein gegen die territoriale Sicherheit Frankreichs gerichtetes Unternehmen betrachten kann, hat sich in die Nothwendigkeit versetzt gefunden, von Sr. Majestät dem Könige von Preußen die Versicherung zu verlangen, daß eine solche Combination sich nicht mit seiner Zustimmung verwirklichen könnte. Da Se. Majestät der König von Preußen sich geweigert, diese Zusicherung zu ertheilen, und im Gegentheil dem Botschafter Sr. Majestät des Kaisers der Franzosen bezeugt hat, daß er sich für diese Eventualität, wie für jede andere, die Möglichkeit vorzubehalten gedenke, die Umstände zu Rathe zu ziehen, so hat die kaiserliche Regierung in dieser Erklärung des Königs einen Frankreich ebenso wie das allgemeine europäische Gleichgewicht bedrohenden Hintergedanken erblicken müssen. Diese Erklärung ist noch verschlimmert worden durch die den Kabinetten zugegangene Anzeige von der Weigerung, den Botschafter des Kaisers zu empfangen und auf irgend eine neue Auseinandersetzung mit ihm einzugehen. In Folge dessen hat die französische Regierung die Verpflichtung zu haben geglaubt, unverzüglich für die Vertheidigung ihrer Ehre und ihrer verletzten Interessen zu sorgen, und, entschlossen zu dem Endzweck alle durch die ihr geschaffene Lage gebotenen Maßregeln zu ergreifen, betrachtet sie sich von jetzt an als im Kriegszustande mit Preußen. Der Unterzeichnete hat die Ehre, Sr. Excellenz ⁊c. die Versicherung seiner hochachtungsvollen Ergebenheit auszudrücken. Berlin, 19. Juli 1870. (Unterzeichnet) Le Sourd."

Diese Kriegserklärung ignorirt die Resignation des hohenzollern'schen (nicht „preußischen") Prinzen auf den spanischen Thron vollständig; sie sucht sich damit zu rechtfertigen, daß künftig einmal eine Berufung eines solchen Prinzen auf Spaniens Thron stattfinden und daß zu dieser ersten Möglichkeit die zweite hinzutreten könnte, daß der König von Preußen seine Einwilligung dazu gäbe, sie ist mithin eine Kriegserklärung nicht wegen geschehener, sondern wegen (nach Napoleon's Dafürhalten) in der Zukunft möglicher Dinge. Eine frivolere Kriegserklärung ist wohl noch niemals erlassen worden, selbst von Napoleon I. nicht. Der Neffe übertrifft hier den Onkel weit an fluchwürdiger Frechheit; und hierin scheint auch die ganze civilisirte Welt einstimmig zu fühlen und zu denken. —

Graf Bismarck erließ an demselben Tage, an welchem die französische Kriegserklärung abgegeben war, folgendes Rundschreiben an alle Vertreter des norddeutschen Bundes:

„Die kaiserlich französische Regierung hat durch ihren Geschäftsträger das in Abschrift anliegende Actenstück — ihre Kriegserklärung enthaltend — übergeben lassen. Es ist das die erste und einzige amtliche Mittheilung, welche wir in der ganzen, die Welt seit 14 Tagen beschäftigenden Angelegenheit, von der k. französischen Regierung erhalten haben. Als Motive für den Krieg, mit dem sie uns überzieht, giebt sie darin an: die Ablehnung Seiner Majestät des Königs, die Versicherung zu geben, daß die Erhebung eines preußischen Prinzen auf den spanischen Thron nicht mit seiner Zustimmung verwirklicht werden könne, und die angeblich den Kabinetten gemachte Notification von der Weigerung, den französischen Botschafter zu empfangen und mit ihm weiter zu verhandeln. Wir haben darauf kurz Folgendes zu erwidern: Seine Majestät der König, in voller Achtung vor der Selbständigkeit und Unabhängigkeit der spanischen Nation und vor der Freiheit der Entschlüsse der Prinzen des fürstlich hohenzollern'schen Hauses, hat niemals daran gedacht, den Erbprinzen auf den spanischen Thron erheben zu wollen. Die an Seine Majestät gestellten Forderungen von Zusagen für die Zukunft waren unberechtigt und anmaßend. Ihm einen Hintergedanken oder eine feindliche Absicht gegen Frankreich dabei zuzuschreiben, ist eine willkürliche Erfindung. Die angebliche Notification an die Kabinette hat niemals stattgefunden, eben so wenig wie eine Weigerung, mit dem Botschafter des Kaisers der Franzosen zu verhandeln. Im Gegentheil hat der Botschafter amtliche Verhandlungen mit der königl. Regierung niemals versucht, sondern nur mit Sr. Majestät dem König persönlich und privatim im Bade Ems die Frage besprochen. Die deutsche Nation, innerhalb und außerhalb des norddeutschen Bundes, hat erkannt, daß die Forderungen der französischen Regierung auf eine Demüthigung gerichtet waren, welche die Nation nicht erträgt, und daß der Krieg, welcher niemals in den Absichten Preußens liegen konnte, uns von Frankreich aufgezwungen wird. Die gesammte civilisirte Welt wird erkennen, daß die Gründe, welche Frankreich anführt, nicht existiren, sondern erfundene Vorwände sind. Der norddeutsche Bund und die mit ihm verbündeten Regierungen von Süddeutschland protestiren gegen den nicht provocirten Ueberfall des deutschen Bundes und werden denselben mit allen Mitteln, die ihnen Gott verliehen hat, abwehren. Ew.... werden ersucht, von dieser Depesche und ihren Anlagen der Regierung, bei welcher Sie beglaubigt sind, Abschrift zu übergeben."

Der norddeutsche Reichstag, welcher ebenfalls am 19. Juli in Berlin zusammentrat, wurde von König Wilhelm mit folgender Thronrede eröffnet:

„Geehrte Herren vom Reichstage des norddeutschen Bundes! Als ich Sie bei Ihrem letzten Zusammentreten an dieser Stelle im Namen der verbündeten Regierungen willkommen hieß, durfte ich es mit freudigem Danke bezeugen, daß meinem aufrichtigen Streben, den Wünschen der Völker und den Bedürfnissen der Civilisation durch Verhütung jeder Störung des Friedens zu entsprechen, der Erfolg, unter Gottes Beistand, nicht gefehlt habe. Wenn nun nichts desto weniger Kriegsdrohung und Kriegsgefahr den verbündeten Regierungen die Pflicht auferlegt haben, Sie zu einer außerordentlichen Session zu berufen, so wird in Ihnen wie in uns die Ueberzeugung lebendig sein, daß der norddeutsche Bund die deutsche Volkskraft nicht zur Gefährdung, sondern zu einer starken Stütze des allgemeinen Friedens auszubilden bemüht war und daß, wenn wir gegenwärtig diese Volkskraft zum Schutze unserer Unabhängigkeit aufrufen, wir nur dem Gebote der Ehre und der Pflicht gehorchen.

„Die spanische Thronkandidatur eines deutschen Prinzen, deren Aufstellung und Beseitigung die verbündeten Regierungen gleich fern standen, und die für den norddeutschen Bund nur insofern von Interesse war, als die Regierung jener uns befreundeten Nation daran die Hoffnung zu knüpfen schien, einem vielgeprüften Lande die Bürgschaften einer geordneten und friedliebenden Regierung zu gewinnen, hat dem Gouvernement des Kaisers der Franzosen den Vorwand geboten, in einer dem diplomatischen Verkehre seit langer Zeit unbekannten Weise den Kriegsfall zu stellen und denselben, auch nach Beseitigung jenes Vorwandes, mit jener Geringschätzung des Anrechtes der Völker auf die Segnungen des Friedens festzuhalten, von welcher die Geschichte früherer Beherrscher Frankreichs analoge Beispiele bietet. Hat Deutschland derartige Vergewaltigungen seines Rechts und seiner Ehre in früheren Jahrhunderten schweigend ertragen, so ertrug es sie nur, weil es in seiner Zerrissenheit nicht wußte, wie stark es war; heute, wo das Band geistiger und rechtlicher Einigung, welches die Befreiungskriege zu knüpfen begannen, die deutschen Stämme je länger desto inniger verbindet, heute, wo Deutschlands Rüstung dem Feind keine Oeffnung mehr bietet, trägt Deutschland in sich selbst den Willen und die Kraft der Abwehr erneuter französischer Gewaltthat.

„Es ist keine Ueberhebung, welche mir diese Worte in den Mund legt. Die verbündeten Regierungen, wie ich selbst, wir handeln in dem vollen Bewußtsein, daß Sieg und Niederlage in der Hand des Lenkers der Schlachten ruhen. Wir haben mit klarem Blicke die Verantwortlichkeit ermessen, welche vor den Gerichten Gottes und der Menschen den trifft, der zwei große und friedliebende Völker im Herzen Europa's zu verheerenden Kriegen treibt. Das deutsche, wie das französische Volk, beide die Segnungen christlicher Gesittung und steigenden Wohlstandes gleichmäßig genießend und begehrend, sind zu einem heilsameren Wettkampfe berufen, als zu dem blutigen der Waffen, doch die Machthaber Frankreichs haben es verstanden, das wohlberechtigte aber reizbare Selbstgefühl unseres großen Nachbarvolkes durch berechnete Mißleitung für ihre persönlichen Interessen und Leidenschaften auszubeuten.

„Je mehr die verbündeten Regierungen sich bewußt sind, Alles, was Ehre und Würde gestatteten, gethan zu haben, um Europa die Segnungen des Friedens zu bewahren, und je unzweideutiger es vor Aller Augen liegt, daß man uns das Schwert in die Hand gezwungen hat: mit um so größerer Zuversicht wenden wir uns, gestützt auf den einmüthigen Willen der deutschen Regierungen, des Südens wie des Nordens, an die Vaterlandsliebe und die Opferfreudigkeit des deutschen Volkes mit dem Aufrufe zur Vertheidigung seiner Ehre und seiner Unabhängigkeit. Wir werden nach dem Beispiele unserer Väter für unsere Freiheit und für unser Recht gegen die Gewaltthat fremder Eroberer kämpfen und in diesem Kampfe, in dem wir kein anderes Ziel verfolgen, als den Frieden Europas dauernd zu sichern, wird Gott mit uns sein, wie er mit unsern Vätern es war."

Napoleon und seine Rathgeber hatten sich arg verrechnet, wenn sie meinten, daß die süddeutschen Staaten durch partikularistisch-ultramontane Schufte und Vaterlandsverräther bewogen werden konnten, Norddeutschland den ihm mit dem unerhörtesten Uebermuthe und der verdammenswerthesten Frivolität aufgezwungenen Krieg allein ausfechten zu lassen. Was deutsche Vaterlandsliebe bis dahin mit dem redlichsten Streben nicht hatte fertig bringen können, das rief französischer Hochmuth mit einem Schlage in's Leben. Die Kriegserklärung Frankreichs einigte Deutschland und schlug „die Brücke über den Main." Baiern, Würtemberg, Baden und Hessen-Darmstadt standen zu Norddeutschland, um den alten Erbfeind deutscher Einheit und Freiheit zu bekämpfen. Man vergaß in patriotischer Begeisterung die inneren Streitigkeiten oder vertagte sie bis nach dem Siege über den äußern Feind. Von einer Wiederkehr der schnöden Rheinbundszeiten, die der Napoleonismus erhofft hatte, war keine Rede. Und in diesem Sinne beantwortete der norddeutsche Reichstag am 20. Juli die Thronrede König Wilhelm's mit nachstehender Adresse:

„Die erhabenen Worte, welche Ew. Majestät im Namen der verbündeten Regierungen an uns gerichtet haben, finden im deutschen Volke einen mächtigen Wiederhall.

Ein Gedanke, ein Wille bewegt in diesem ernsten Augenblicke die deutschen Herzen.

Mit freudigem Stolze erfüllt die Nation der sittliche Ernst und die hohe Würde, mit welcher Ew. Majestät die unerhörte Zumuthung des Feindes zurückgewiesen, der uns zu demüthigen gedachte, jetzt aber unter schlecht ersonnenen Vorwänden das Vaterland mit Krieg überzieht.

Das deutsche Volk hat keinen andern Wunsch, als in Frieden und Freundschaft zu leben mit allen Nationen, welche seine Ehre und Unabhängigkeit achten.

Wie in der ruhmreichen Zeit der Befreiungskriege zwingt uns heute wieder ein Napoleon in den heiligen Kampf für unser Recht und unsere Freiheit.

Wie damals, so werden heute alle auf die Schlechtigkeit und die Untreue der Menschen gestellten Berechnungen an der sittlichen Kraft und dem entschlossenen Willen des deutschen Volkes zu Schanden.

Der durch Mißgunst und Ehrsucht irre geleitete Theil des französischen Volkes wird zu spät die böse Saat erkennen, welche für alle Völker aus dem blutigen Kampfe emporwächst.

Dem besonnenen Theile dieses Volkes ist es nicht gelungen, das gegen die Wohlfahrt Frankreichs und das brüderliche Zusammenleben der Völker gerichtete Verbrechen zu verhüten.

Das deutsche Volk weiß, daß ihm ein schwerer und gewaltiger Kampf bevorsteht.

Wir vertrauen auf die Tapferkeit und die Vaterlandsliebe unserer bewaffneten Brüder, auf den unerschütterlichen Entschluß eines einigen Volkes, alle Güter dieser Erde daran zu setzen, und nicht zu dulden, daß der fremde Eroberer dem deutschen Mann den Nacken beugt.

Wir vertrauen der erfahrenen Führung des greisen Heldenkönigs, des deutschen Feldherrn, dem die Vorsehung beschieden hat, den großen Kampf, den der Jüngling vor mehr als einem halben Jahrhundert kämpfte, am Abend seines Lebens zum entscheidenden Ende zu führen.

Wir vertrauen auf Gott, dessen Gericht den blutigen Frevel straft.

Von den Ufern des Meeres bis zum Fuße der Alpen hat das Volk sich auf den Ruf seiner einmüthig zusammenstehenden Fürsten erhoben.

Kein Opfer ist ihm zu schwer.

Die öffentliche Stimme der civilisirten Welt erkennt die Gerechtigkeit unserer Sache.

Befreundete Nationen sehen in unserem Siege die Befreiung von dem auch auf ihnen lastenden Drucke bonapartischer Herrschsucht und die Sühne des auch an ihnen verübten Unrechts.

Das deutsche Volk aber wird endlich auf der behaupteten Wahlstatt den von allen Völkern geachteten Boden friedlicher und freier Einigung finden.

Eure Majestät und die verbündeten deutschen Regierungen sehen uns, wie unsere Brüder im Süden, bereit.

Es gilt unsere Ehre und unsere Freiheit.

Es gilt die Ruhe Europas und die Wohlfahrt der Völker.

Der Reichstag des norddeutschen Bundes."

Am 23. Juli veröffentlichte Napoleon eine Proklamation an das französische Volk, der wir folgende Stellen entnehmen:

„Die glorreiche Fahne, welche wir wieder einmal denen gegenüber entfalten, die uns herausfordern, ist dieselbe, welche durch ganz Europa die civilisatorischen Ideen unserer großen Revolution trug: sie repräsentirt dieselben Ideen, sie wird dieselben Gefühle der Hingebung einflößen. — Franzosen, ich bin im Begriff, mich an die Spitze dieser tapferen Armee zu stellen, welche durch Pflichtgefühl und Vaterlandsliebe beseelt ist; sie weiß, was sie werth ist, denn sie hat gesehen, wie in vier Welttheilen sich der Sieg an ihre Schritte heftete. Ich führe meinen Sohn mit mir; ungeachtet seines jugendlichen Alters kennt er die Pflichten, welche sein Name ihm auferlegt; er ist stolz, auch seinerseits theilnehmen zu dürfen an den Gefahren derjenigen, welche für das Vaterland kämpfen. Wir führen nicht Krieg gegen Deutschland, dessen Unabhängigkeit wir respektiren. Wir hegen den Wunsch, daß die Völker, aus denen sich die große einheitliche germanische Nation zusammensetzt, in freier Weise über ihre Geschicke verfügen. Was uns betrifft, so verlangen wir einen Stand der Dinge, welcher unsere Sicherheit gewährleistet und die Zukunft sichert. Wir wollen einen Frieden auf dauernder Grundlage erringen. Gott segne unsere Bemühungen. Ein großes Volk, welches eine gerechte Sache vertheidigt, ist unbesieglich."

Ja wohl, ein großes Volk, welches eine gerechte Sache vertheidigt, ist unbesieglich. Dies wird das deutsche Volk in seinem Kriege mit dem lügenhaften, blutbefleckten, herrschsüchtigen Tyrannen Frankreichs beweisen. Der Ausspruch, den der Napoleonide in jenem Satze gethan, ist vollkommen richtig, aber die Adresse ist grundfalsch, an die er ihn gerichtet hat. Bezeugt doch ein großer Theil der französischen Nation selbst, daß Frankreich in diesem Kriege gegen Deutschland keine „gerechte Sache vertheidigt". Und wenn der bonapartistische Friedensstörer, auf dessen Lügnerstirne schwerlich noch die Schamröthe aufsteigen kann, es wagen darf, seine eigene Nation zu betrügen, wie er es in der eben erwähnten Proklamation gethan hat, so dürfen wir uns über die freche Heuchelei nicht wundern, womit er an derselben Stelle erklärt: „Wir führen nicht Krieg gegen Deutschland, dessen Unabhängigkeit wir respektiren." Wie? ein Napoleonide sollte zu irgend einer Zeit und in irgend einem Lande die Unabhängigkeit eines Volkes respektiren, wenn ihn nicht die eiserne Nothwendigkeit dazu zwingt? Auf diese Frage ruft die Geschichte des ersten wie des zweiten Napoleon ihr lautes „Nein", das schallend und dröhnend durch alle kommenden Jahrhunderte dringt und den Namen „Napoleon Bonaparte" für alle Ewigkeit als den Namen von blutgierigen Tyrannen und falschen Völkerverderbern brandmarkt. —

Die Ansprache, welche König Wilhelm von Preußen als Oberfeldherr aller deutschen Heere an das deutsche Volk am 25. Juli von Berlin aus erließ, lautet also:

„Aus allen Stämmen des deutschen Vaterlandes, aus allen Kreisen des deutschen Volks, selbst von jenseit des Meeres sind mir aus Anlaß des bevorstehenden Kampfes für die Ehre und Unabhängigkeit Deutschlands von Gemeinden, Korporationen, Vereinen und Privatpersonen so zahlreiche Kundgebungen der Hingebung und Opferfreudigkeit für das gemeinsame Vaterland zugegangen, daß es mir ein unabweisliches Bedürfniß ist, diesen Einklang des deutschen Geistes öffentlich zu bezeugen und dem Ausdruck meines königlichen Danks die Versicherung hinzuzufügen, **daß ich dem deutschen Volke Treue um Treue entgegenbringe und unwandelbar halten werde.** Die Liebe zu dem gemeinsamen Vaterlande, die einmüthige Erhebung der deutschen Stämme und ihrer Fürsten hat alle Unterschiede und Gegensätze in sich geschlossen und versöhnt, und einig, wie kaum jemals zuvor, darf Deutschland in seiner Einmüthigkeit wie in seinem Recht die Bürgschaft finden, daß der Krieg ihm Frieden bringen und daß aus der blutigen Saat eine von Gott gesegnete Ernte deutscher Freiheit und Einigkeit sprießen werde."

Wir sind kein Fürstendiener und es kommt uns nicht in den Sinn, dem König Wilhelm eine überflüssige Schmeichelei zu sagen, aber das wollen wir hier nicht leugnen, daß nach unserer Ansicht die Ansprache des preußischen Königs eine viel herzlichere, würdevollere und wahrhaftere ist, als die von hohlem, lügenhaftem Phrasenthum überschwellende Proklamation des Kaisers der Franzosen. —

Während die Heere Deutschlands und Frankreichs sich von Osten und Westen dem Rheinstrome zuwälzten, um das blutige „eiserne Würfelspiel" zu beginnen, führte Graf Bismarck einen meisterhaften diplomatischen Schachzug gegen Napoleon III. und gegen den von diesem vorgebrachten Vorwand zum Kriege aus. Er ließ in der londoner „Times" gewisse „Enthüllungen" machen, welche darthaten, daß der französische Botschafter Benedetti schon im Spätsommer 1866 ihm, dem Grafen

Bismarck, den Vorschlag gemacht habe, Preußen solle Frankreich die Einverleibung Luxemburgs und Belgiens gestatten, wogegen Frankreich dann nichts gegen die Vereinigung von Norddeutschland mit Süddeutschland, Oesterreich ausgenommen, einwenden wolle; Bismarck aber habe alle derartige Vorschläge stets abgewiesen. Diese Enthüllungen machten ein kolossales Aufsehen in ganz Europa, und um so mehr, als sie von Berlin aus officiell bestätigt wurden und von Frankreich, trotz aller lügenhaften Verdrehungen, nicht ganz abgeleugnet werden konnten. Hatte doch Herr Benedetti mit eigener Hand einen betreffenden Bündnißvertrag zwischen Frankreich und Preußen aufgeschrieben und das Manuscript in Bismarck's Besitz gelassen.

Vornehmlich wurde die öffentliche Meinung in England, die fast immer für Deutschland war, durch diese Enthüllungen ganz entschieden zu Preußens und Deutschlands Gunsten gestimmt; und diese Stimmung machte sich auch sofort im Parlamente geltend. —

Bismarck's glücklicher diplomatischer Schachzug, wie ihn die erwähnten Enthüllungen und deren nächste Folgen zeigten, wurde aber zu einem großen diplomatischen Siege durch die Circulardepesche, welche eben dieser geschickte Staatsmann am 29. Juli an die Vertreter des norddeutschen Bundes sandte, damit sie den betreffenden neutralen Staaten mitgetheilt werde. Diese Depesche verdient wegen ihrer Wichtigkeit und der nachhaltigen Wirkungen, die sie unzweifelhaft haben wird, daß wir hier etwas näher darauf eingehen, obschon wir persönlich diplomatischen Großthaten nicht allzu viel Geschmack abgewinnen können. —

Nachdem Graf Bismarck in der bezeichneten Circularnote ausgeführt, daß die von der „Times" veröffentlichten Schriftstücke keineswegs den einzigen, in dem erwähnten Sinne gemachten Vorschlag enthielten, macht er darauf aufmerksam, daß der Glaube der französischen Regierung an die Möglichkeit einer derartigen Transaktion mit einem deutschen Minister, dessen Stellung durch seine Uebereinstimmung mit dem deutschen Nationalgefühl bedingt sei, seine Erklärung nur in der beklagenswerthen Unbekanntschaft der französischen Staatsmänner mit den Grundbedingungen der Existenz anderer Völker finde. Die Bestrebungen des französischen Gouvernements, seine begehrlichen Absichten auf Belgien und die Rheingrenzen mit preußischem Beistande durchzuführen, seien schon vor 1862, also vor Bismarck's Uebernahme des auswärtigen Amtes, an ihn herangetreten. Der Bundeskanzler fährt fort: „Durch äußerliche Einwirkung auf die europäische Politik machten sich die erwähnten Tendenzen der französischen Regierung zunächst in der Haltung erkennbar, welche Frankreich im deutsch-dänischen

Streite zu unsern Gunsten beobachtet hat. . . . Frankreich hatte schon 1865 auf den Ausbruch des Krieges zwischen uns und Oesterreich gerechnet, und näherte sich uns bereitwillig wieder, sobald unsere Beziehungen zu Wien sich zu trüben begannen. Vor Ausbruch des österreichischen Krieges 1866 sind mir theils durch Verwandte des französischen Kaisers, theils durch vertrauliche Agenten Vorschläge gemacht worden, welche jederzeit dahin gingen, kleinere oder größere Transaktionen zum Behufe beiderseitiger Vergrößerung zu Stande zu bringen. Es handelte sich bald um Luxemburg oder um die Grenzen von 1814 mit Landau und Saarlouis, bald um größere Objekte, von denen die französische Schweiz und die Frage, wo die Sprachgrenze in Piemont zu ziehen sei, nicht ausgeschlossen blieben.

Im Mai 1866 nahmen diese Zumuthungen die Gestalt des Vorschlags eines Offensiv- und Defensivbündnisses an, von dessen Grundzügen folgender Auszug in meinen Händen blieb:

„1) En cas de congrès poursuivre d'accord la cession de la Vénétie à l'Italie et l'annexion des duchés à la Prusse. 2) Si le congrès n'aboutit pas, alliance offensive et défensive. 3) Le roi de Prusse commencera les hostilités dans les dix jours après la séparation du congrès. 4) Si le congrès ne se réunit pas, la Prusse attaquera dans trente jours après la signature du présent traité. 5) L'empereur des Français déclarera la guerre à l'Autriche dès que les hostilités seront commencées entre l'Autriche et la Prusse (en 30 jours 300000). 6) On ne fera pas de paix separée avec l'Autriche. 7) La paix se fera sous les conditions suivantes: La Vénétie à l'Italie; à la Prusse les territoires allemands ci-dessous (7 à 8 millions d'âmes au choix), plus la réforme fédérale dans le sens prussien; pour la France le territoire entre Moselle et Rhin sans Coblence ni Mayence, comprenant: 500000 âmes de Prusse, la Bavière rive-gauche du Rhin, Birkenfeld, Homburg, Darmstadt, 213000 âmes. 8) Convention militaire et maritime entre la France et la Prusse dès la signature. 9) Adhésion du roi d'Italie."

[„1) Im Fall eines Congresses gemeinsam die Cession Venetiens an Italien und die Annexion der Herzogthümer an Preußen zu betreiben. 2) Wenn er zu keinem Resultat führt, Offensiv- und Defensivbündniß. 3) Der König von Preußen wird die Feindseligkeiten zehn Tage nach der Auflösung des Congresses beginnen. 4) Wenn der Congreß nicht zusammentritt, wird Preußen dreißig Tage nach der Unterzeichnung des gegenwärtigen Vertrags angreifen. 5) Der Kaiser von Frankreich wird den Krieg an Oesterreich erklären, sobald die Feindseligkeiten zwischen Oesterreich und Preußen begonnen haben werden (in 30 Tagen 300000

Mann). 6) Man wird keinen Separatfrieden mit Oesterreich schließen. 7) Der Friede wird unter folgenden Bedingungen geschlossen werden: Venetien kommt an Italien; an Preußen die nachbenannten deutschen Länder (7—8 Mill. Seelen nach beliebiger Wahl), ferner die Bundesreform im preußischen Sinne; an Frankreich fällt das Land zwischen Mosel und Rhein, ohne Koblenz und Mainz, mit 500000 Seelen preußischer Unterthanen, das linksrheinische Baiern, Birkenfeld, Homburg, Darmstadt mit 213000 Seelen. 8) Militärkonvention zu Lande und zur See zwischen Frankreich und Preußen nach der Unterzeichnung. 9) Heranziehung des Königs von Italien."]

Es heißt dann weiter in der Note: „Die Stärke des Heeres, mit welchem der Kaiser nach Art. 5 uns beistehen wollte, wurde in schriftlichen Erläuterungen auf 300000 Mann angegeben, die Seelenzahl der Vergrößerungen, welche Frankreich erstrebte, nach französischen, mit der Wirklichkeit nicht übereinstimmenden, Berechnungen auf 1,800000 Seelen.... Nachdem wir im Juni 1866 ungeachtet mehrfacher, fast drohender Mahnungen zur Annahme obiges Allianzprojekt abgelehnt hatten, rechnete die französische Regierung nur noch auf den Sieg Oesterreichs über uns und auf unsere Ausbeutung für französischen Beistand nach unserer eventuellen Niederlage, mit deren diplomatischer Anbahnung die französische Politik sich nunmehr nach Kräften beschäftigte.... Von der Zeit an hat Frankreich nicht aufgehört, uns durch Anerbietungen auf Kosten Deutschlands und Belgiens in Versuchung zu führen."

Nachdem die Circularnote dann die Gründe angegeben, die den Grafen Bismarck bewegten, den französischen Staatsmännern die ihnen eigenthümlichen, ihre Raubpolitik charakterisirenden Illusionen so lange zu lassen, als dies — ohne ihnen irgend welche, auch nur mündliche, Zusage zu machen — möglich gewesen, heißt es weiter in der Note: „Nachdem die Verhandlung mit dem Könige der Niederlande über den Ankauf Luxemburgs in bekannter Weise gescheitert war, wiederholten sich mir gegenüber die erweiterten Vorschläge Frankreichs, welche Belgien und Süddeutschland umfaßten. In diese Konjunktur fällt die Mittheilung des Benedetti'schen Manuskripts. Daß der französische Botschafter o h n e Genehmigung seines Souveräns mit eigener Hand diese Vorschläge formulirt, sie mir überreicht und mit mir wiederholt und unter Modificirung von Textstellen, die ich monirte, verhandelt haben sollte, ist ebenso unwahrscheinlich wie bei einer andern Gelegenheit die Behauptung war, daß Kaiser Napoleon der Forderung der Abtretung von Mainz nicht beigestimmt habe, welche mir im August 1866 unter Kriegsandrohung im Falle der Weigerung durch Benedetti amtlich gestellt ward.... Zur Zeit der Vorbereitung der belgischen Eisenbahnhändel (im März 1868) wurde mir von einer hochstehenden Person, welche den früheren Unterhandlungen nicht fremd war, mit Bezugnahme auf letztere angedeutet, daß für den Fall einer französischen Occupation Belgiens „nous trouverions bien notre Belgique ailleurs" („wir unser Belgien wohl anderswo finden würden"). Gleicherweise wurde mir bei früheren Gelegenheiten zu erwägen gegeben, daß Frankreich bei einer Lösung der orientalischen Frage seine Betheiligung nicht im fernen Osten, sondern nur unmittelbar an seiner Grenze suchen könne."

Es liegt auf der Hand, daß die Wirkung dieser bedeutungsvollen Note dem Bonapartismus nicht vortheilhaft sein kann, daß sie ihm keine neuen Freunde zuführt, daß sie ihm vielmehr eine schmerzliche diplomatische Niederlage bereiten muß, die wir gern als ein unblutiges Vorspiel der kommenden Niederlagen auf dem Schlachtfelde ansehen möchten. —

Es steht zu hoffen, daß die etwaigen Gelüste der österreichischen und italienischen Regierungen, Napoleon III. Beistand zu leisten, paralysirt werden durch die Maßregeln, welche Rußland und England sowohl in ihrem eigenen, wie im Interesse von ganz Europa nehmen müssen. Dazu kommt, daß das deutsche Element in Oesterreich und das italienische Volk — der Held Garibaldi an dessen Spitze — entschieden gegen Frankreich Partei nehmen*). —

Es ist ein erhebendes Zeichen, wie nicht bloß in allen deutschen Gauen, sondern auch aus fremden Landen und fernen Welttheilen, namentlich aus der großen transatlantischen Republik, die Deutschen mit Wort und That ihren Brüdern im alten Vaterlande bei dem Kampfe mit dem Erb- und Erzfeind der deutschen Nation zujubeln und zu helfen

---

*) Was Spanien anbetrifft, so schrieb man am 25. Juli den „Hamburger Nachrichten" aus Madrid: „Als Angehörige der lateinischen Race sollten wir den Triumph der französischen Waffen wünschen, aber als civilisirte Menschen wünschen wir den Sieg des rationalistischen Volks über das katholische; als Liberale wünschen wir den Sieg der individualistischen Race über die autoritäre und centralistische; als Republikaner wünschen wir die Niederlage Frankreichs, welche den Triumph der Republik in allen lateinischen Ländern bedeutet, und als Spanier wünschen wir, daß die Bonaparte am Rhein nochmals für das unwürdige Attentat von Bayonne büßen. Preußen ist die Civilisation, die Freiheit, die Republik und die Rache. Warum also sollten wir nicht preußisch sein?" So spricht sich heute die „Republica Iberica", das größte Blatt der republikanischen Partei in Spanien, aus. Das Organ der monarchisch-demokratischen Partei, welches dem Minister des Innern, Rivero, gehört, „La Nation", äußert sich: „Preußen vertritt eine Nation, Frankreich geht in einem Monarchen auf, Napoleon; darum sind wir für Preußen."

suchen; während man Aehnliches von den Franzosen, namentlich von denen, die außerhalb Frankreichs leben, in Bezug auf ihre Kriegsbegeisterung nicht sagen kann. Im Gegentheil haben bereits ganz kürzlich verschiedene Bataillone der pariser Mobilgarde bei ihrer Abfahrt nach Chalons eine widerspenstige Haltung angenommen, indem sie riefen: „Hoch die Republik! Nach Cayenne mit den Ministern! Nieder mit Ollivier!" Und am 1. August verurtheilte im „Rappel" ein donnernder Artikel des in der Verbannung lebenden Victor Hugo die kriegswüthige Cabinetspolitik des Bonapartismus. „Vor mehreren Jahren", heißt es in diesem Artikel, „flossen französische Blutströme für Italiens Einheitskampf, heute bekämpfen wir die deutsche Einheit. Französisches Blut soll verhindern, daß den Deutschen ein Gesammtvaterland werde gleich den Italienern." —

Wenn nun so ganz Deutschland einig ist, den Bonapartismus im Kriege zu bekämpfen, bis er vollständig zu Boden liegt, so wächst, wie zuverlässige Nachrichten lauten, in Frankreich die Stimmung gegen den Krieg, weil man sich bewußt ist, daß ein Sieg des kaiserlichen Verbrechers über Deutschland nur die Herrschaft der napoleonischen Tyrannei über Frankreich befestigt. Die Niederlage der Napoleoniden und ihre Vertreibung von französischem Boden macht dagegen, dessen ist man sicher, Frankreich frei und giebt diesem vielgeprüften Lande, giebt Deutschland und der ganzen Welt für lange Zeit den ersehnten, völkerbeglückenden Frieden. —

Da nun aber einmal die Stunde der Abrechnung zwischen Deutschland und Frankreich gekommen ist, da sie gekommen ist durch die verwegene Frivolität Napoleon's III. und seiner Kreaturen, so ist es die heilige Pflicht der deutschen Fürsten wie des deutschen Volkes, daß diese Abrechnung, bei der alles „Soll" auf Frankreichs Seite, und alles „Haben" auf der unsrigen steht, gründlich vor sich geht. Ganz abgesehen davon, daß, wie E. M. Arndt kurz und gut gesagt hat, der Rhein Deutschlands Strom, nicht Deutschlands Grenze ist, so liegen nationale, sprachliche und andere Gründe genug vor, daß die uns widerrechtlich entrissenen burgundischen und lothringischen Lande zurückgefordert werden müssen. Wir wollen uns hier nicht auf die Ausführungen von Wolfgang Menzel und aller Derer beziehen, die man als „Gallophagen" oder Franzosenfresser bezeichnen möchte, obschon sie nach unserer Ansicht in der vorliegenden Frage vollkommen im Rechte sind, wir verweisen auf die vortrefflichen Ausführungen des als Statistiker rühmlich bekannten Richard Böckh, welcher schlagend dargethan hat, daß namentlich im Elsaß sich das Volk unter aller künstlich aufgestrichenen französischen

Schminke im Ganzen und Großen seine deutsche Natur treu und wahr erhalten hat bis auf diese Stunde. Wenn Napoleon III. dasselbe Schicksal oder doch ein ähnliches ereilt haben wird, wie es seinen Onkel ereilte, dann sollte man unter allen Umständen das nach innen und nach außen nie Ruhe und Frieden haltende Frankreich zum Heile der Welt in so weit schwächen oder erleichtern, wenn man dies Wort lieber hat, als man ihm die deutschen Landestheile abnimmt, die nach Sprache und Volksstamm nicht zu ihm gehören, sondern zu Deutschland. Und wenn ferner das monarchische Europa aus diesen, mit Fug und Recht von Frankreich losgelösten Theilen keine Republik, nach dem Muster der Schweiz, machen will oder Bedenken trägt, sie an Deutschland zurückzugeben, so mag man wenigstens daraus ein neutrales Königreich herstellen, nach dem Muster von Belgien. —

So nothwendig es für die Ruhe und den Frieden von Europa ist, **daß der Napoleonide und sein ganzes Geschlecht für immer von dem französischen Thron fort müssen**, so nothwendig ist es für eben diese Ruhe und eben diesen Frieden, daß man das — trotz aller seiner sonstigen Tugenden und guten Seiten — nun einmal ruhelose und unfriedfertige Franzosenvolk an Zahl und Kraft schwächer macht, indem man ihm abnimmt, was ihm von Gottes- und Rechtswegen nicht gehört. **Straßburg und sein deutscher Münster sind als französisches Eigenthum fortwährend ein himmelschreiendes Unrecht, welches endlich getilgt werden sollte***). Vergl. Rich. Böckh, „Der Deutschen Volkszahl und Sprachgebiet", S. 151 ff.; Wolfgang Menzel, „Unsere Grenzen". S. 9 ff.

Doch nun zum Schlusse! Das deutsche Volk hat den ihm von dem blutigen Decembermann frech und frivol hingeworfenen Handschuh mit seltener Einmüthigkeit aufgenommen, es ist dem Rufe seiner Fürsten gefolgt und bereit, mit seinem Herzblut dafür einzustehen, daß der ruchlose Napoleonide, und wenn auch erst nach hartem, wechselvollem Kampfe, die längst verdiente Strafe erhält. Aber indem es den **bonapartistischen Cäsarismus zu Boden schmettern will, ist es nicht gewillt, in seinem eigenen Hause, an seinem eigenen Heerde die rohe Gewalt eines deutschen Cäsarismus aufkommen zu lassen**. Der gegen den meineidigen und blutbefleckten Urheber der modernen Militärdiktatur,

---

*) Noch heute ist das Wort Schenkendorf's wahr, welches er vom badener Schlosse beim Anblicke des Elsasses ausrief: „Doch dort an den Vogesen — liegt ein verlornes Gut — da gilt es deutsches Blut — vom Höllenjoch zu lösen."

der die Soldaten als die „Auserwählten der Nation" bezeichnete, gerichtete Kampf auf Tod und Leben, er muß auch in Deutschland, im ganzen Deutschland die rohe Soldatenherrschaft zu Fall bringen. Nur erst wenn der unerträgliche, entsittlichende Militärdruck von den Schultern der Völker Europas genommen ist, können Industrie und Handel, Wissenschaft und Kunst durch die Segnungen des Friedens und der Freiheit in ungeahntem Maße blühen. König Wilhelm I. von Preußen hat gesagt, daß er „dem deutschen Volke Treue um Treue entgegenbringe und unwandelbar halten werde." Hoffen wir, daß diese schönen Worte sich stets in der That bewähren werden, und daß nach der Niederwerfung des dritten Napoleon keine neue „heilige Allianz" entstehen möge, es sei denn die heilige Freiheitsallianz der Völker. Hoffen wir, daß niemals ein Dichter wieder singen möge:

„Wohl müssen Geister niedersteigen,
Von heil'gem Eifer aufgeregt,
Und ihre Wundenmale zeigen,
Daß ihr darein die Finger legt;"

sondern daß sein Gesang nur also laute:

„Der Freiheit Morgen steigt herauf,
Ein Gott ist's, der die Sonne lenket,
Und unaufhaltsam ist ihr Lauf!"

Anhang.

Cäsar, die Todten grüßen Dich!*)

Ist Dir nun wohl? Das grause Völkerhetzen
Hat lange Dein umwölktes Hirn gebrütet,
Die Schlächter ließest Du die Messer wetzen,
Der Cäsar winkt: die wilde Meute wüthet;
Doch während sie aufjauchzend sich verneigen,
Die Sterbenden, die zur Arena zieh'n,
Sieh' auch empor die bleichen Schatten steigen,
Die ernst und lautlos Dir vorüber flieh'n,
Erkennst Du sie? regt Dein Gewissen sich?
    Cäsar, die Todten grüßen Dich!

Wo schamlos jetzt sich das geschminkte Laster
Wahnsinn'gen Frevels Tummelplatz erkoren,
Da lagen sie zerschmettert auf dem Pflaster,
Dem Eide treu, den lächelnd Du geschworen,
Die ersten Ziele jener Mordgeschütze,
Daran Dein Witz geübt sich alle Zeit,
Voll Blut die Blouse und die rothe Mütze,
Darin Du selbst die Republik gefreit,
Bis hinterrücks der Würger sie beschlich —
    Cäsar, die Todten grüßen Dich!

Die nicht den schnellen Heldentod gestorben,
Den Säbel in der Faust, mit heit'rer Miene:
Die in Cayenne's Fiebersumpf verdorben,
Zerstückelt von der trock'nen Guillotine,
Und die der Kerker langsam hingeschlachtet,
Bis mit dem Leben auch die Kette fiel,
Die von des Heimwehs heißem Schmerz umnachtet
Das Licht erlöschen sahen im Exil,
Und deren Haupt daheim der Kummer blich —
    Cäsar, die Todten grüßen Dich!

---

*) Aus der „Volks-Zeitung".

Sie nahen auch mit ihren off'nen Wunden,
Die sich für Deines Adlers Flug entschieden,
In Deinen Schlachten frühen Tod gefunden,
Du sprachst: es ist das Kaiserreich der Frieden;
Du führtest für die Freiheit sie zum Kriege,
Und wenn ihr Blut den Sieg Dir übergab,
Grubst höhnend Du nach jedem neuen Siege
Auch für die Freiheit stets ein neues Grab,
Daß einem Kirchhof diese Erde glich —
    Cäsar, die Todten grüßen Dich!

Sie wälzen sich heran vom schwarzen Meere,
Die Schläfer steigen aus Italiens Auen,
Die Du befreit, damit sie Deine Heere
Als Unterdrücker wieder mußten schauen;
Und die, weit über'n Ocean entsendet,
In Mexiko ereilte das Geschick,
Da Du zum zweiten Mal das Schwert gewendet
Ingrimm'gen Hasses auf die Republik,
Und Deines Glückes Stern zuerst erblich —
    Cäsar, die Todten grüßen Dich!

Ein Schatten noch ist seiner Gruft entstiegen,
Nicht Ruhe läßt's ihm bei den Invaliden,
Die deutsche Losung: Sterben oder Siegen!
Hat einst auch seinen jähen Sturz entschieden;
Im grauen Rocke mit dem kleinen Hute
Zum Abmarsch fertig steht der Ahnherr da,
Doch blickt er nicht in wildem Kampfesmuthe,
Er deutet rückwärts auf Sanct Helena,
Als sehnt' er nach dem stillen Grabe sich —
    Cäsar, die Todten grüßen Dich!

Albert Traeger.

Vier Lieder von Fritz Ohnesorge,
Rektor in Sebnitz.

Schlachtruf.

Nach der Weise: Frisch auf, Kameraden auf's Pferd ꝛc.

Ihr deutschen Kam'raden, frisch auf, zum Kampf!
Euch fordert der Franzmann, der Freche.
Auf! bereitet ihm lustig mit Pulverdampf
Den Empfang, denn er zahlt euch die Zeche.
Wenn der Deutsche zum Deutschen in Treue hält,
Giebt der Wälsche, das glaubt nur, bald Fersengeld.

Unsre Väter schon haben ihn laufen gelehrt,
Brüder, glaubt nur, das kann er noch immer.
Rasch hat er bei Roßbach den Rücken gekehrt,
An der Katzbach gar ward er zum Schwimmer.
Wie die bleierne Ente, den Bauch auf den Grund,
So schwamm er, voll Wasser den großen Mund.

Ja, wenn mit dem Munde es wäre gethan,
Da könnt' er gar glänzend bestehen.
Aber jetzt tritt er wieder als Held auf den Plan,
Da muß Lügen und Prahlen vergehen.
Auf dem ehernen Felde der Ehre besticht
Das französische Glänzen und Gleißen nicht.

Drum Brüder, getrost! Hoch erhebet das Haupt,
Wie der Freche auch schreit nach dem Rheine!
Er prahlt nur, woran er schon selbst nicht mehr glaubt.
Thue frisch nur ein Jeder das Seine!
Dann zerschellt, wie die Welle am Felsenthurm,
An der deutschen Stärke sein wilder Sturm.

Dann drauf! In die weichenden Feinde gesprengt!
Frisch gestürmt, ihre Feuergeschosse!
Bald werden bei Metz in der Mosel getränkt
Unsre schnaubenden, schäumenden Rosse!
Dann weiter zur Maas und zur Marne mit Macht!
Und der Friede, der wird in Paris nur gemacht!

Dann werden von gleißender Höhe gestürzt
Die falschen, raubgierigen Katzen,
Für immer den trotzigen Räubern gekürzt
Die kratzenden, raubenden Tatzen.
Unser Straßburg heraus und den deutschen Rhein!
Und dann soll ein ewiger Friede sein!

Gebet.

Nach der Weise: Wenn Alle untreu werden ꝛc.

Allmächt'ger, der du waltest
Ob dieser schönen Welt,
Und Herrlichkeit entfaltest
Am dunklen Sternenzelt,
Wir treten voll Vertrauen
Und frommer Zuversicht,
Du werdest auf uns schauen,
Herr, vor dein Angesicht.

Uns will der Feind bedrohen
Mit Lug und List und Brand;
Doch Zornesflammen lohen
Durch's ganze deutsche Land.
Du weißt, Herr, ob wir fehlen,
Siehst, wo wir schuldig sind;
Du wirst den Arm uns stählen
Zum Kampf für Weib und Kind.

Denn heilig sind die Flammen,
Die in der Brust uns glühn;
Für's Vaterland zusammen
Steh'n treu wir, fest und kühn.
Wohl ist dir Krieg zuwider
Und Liebe dein Gebot.
Fahr' denn im Wetter nieder
Auf ihn, der uns bedroht.

Herr Gott, du wirst verzeihen
Dies frevelhafte Wort;
Wir müssen ja Gedeihen
Erfleh'n für blut'gen Mord.
Wir haben's nicht verschuldet,
Wir nicht den Streit gesucht;
Doch wer die Knechtschaft duldet,
Ist ehrlos und verrucht.

Der alte Feind tobt wieder,
Der uns so oft bedrückt,
Der unsers Reiches Glieder
Zerrissen und zerstückt,
Der von dem deutschen Lande
So viel, so viel geraubt,
So oft uns Schmach und Schande
Gehäuft auf unser Haupt.

Aus stillem Friedenswerke
Schreckt uns im frechen Spiel,
Der einmal schon der Stärke
Der deutschen Faust verfiel.
Jetzt ist das Maß erfüllet,
Auf steht der deutsche Held,
Und Schlachtendonner brüllet
Bald über's Leichenfeld.

Gieb, Huld des Schlachtenlenkers,
Gieb unserm Zorn Gewähr,
Daß er des blut'gen Henkers
Meineid'gen Thron verzehr'!

Herr Gott, dein ist die Rache,
O Herr, verwirf uns nicht!
Laß uns in unsrer Sache
Jetzt üben dein Gericht!

Mobil.

Nach der Arndt'schen Weise: Was blasen ꝛc.

Was schmettern die Trompeten beim frühen Morgenstrahl?
Wohin, ihr wackern Streiter, durch's grüne Wiesenthal?
Zum Rhein, zu unserm Rheine, zu tapfrer Landeswehr,
Zu geben den Franzosen 'ne derbe deutsche Lehr'.
　Juchheirassah! Juchhei! Alle Deutschen sind dabei,
　Für's liebe, deutsche Vaterland zum heil'gen Krieg! Juchhei!

Sie haben uns gefordert zum blutigen Strauß,
Drum rücken an die Grenze wir jetzt so rüstig aus.
Wir lassen sie nicht warten, wir zögern nicht lang';
Bald klirrt um ihre Ohren auch unser Schwerterklang.
　Juchheirassah! Juchhei! Alle Deutschen sind dabei,
　Wir führen scharfe Klingen und Patronen! Juchhei!

Sie schrei'n mit gier'gem Krächzen, — zum Lachen ist der Spaß! —
Nach unserm grünen Rheine, wie Raben nach dem Fraß.
Ihr Baiern, Schwaben, Hessen! Wohlan! jetzt nicht faul,
Zu schlagen den Franzosen auf's lose Lügenmaul!
　Juchheirassah! Juchhei! Wir sind auch mit Lust dabei,
　Wir Sachsen, bei der großen Franzosen-Schlägerei.

Hört, wie der wälsche Hahn noch im Uebermuthe kräht!
Seht, wie er sich zum Puter im tollen Koller bläht!
Bald faßt der deutsche Aar ihn am Kragen, eh' er's glaubt,
Und rupft ihm all' die Federn aus, die je er geraubt.
　Juchheirassah! Juchhei! Alle Deutschen sind dabei,
　Bei dieser lust'gen, großen Franzosen-Rauferei.

Zu treten uns mit Füßen, wie vormals sie gethan,
So hoffen sie, doch büßen sie bald den groben Wahn.
Schon klopft der Meister Steinmetz, Franzosen, mit Gunst,
Euch auf die rothen Hosen, bei, der versteht die Kunst.
　Juchheirassah! Juchhei! Alle Deutschen sind dabei,
　Bei dieser lust'gen, großen Franzosen-Paukerei.

Und was sie je gestohlen, von Basel bis zum Meer,
Im Frieden sollen sie es redlich wieder geben her.

In Metz, sowie in Straßburg, und auf und ab den Rhein
Soll fürder kein Franzose sein Kauderwälsch mehr schrei'n.
   Juchheirassah! Juchhei! Alle Deutschen sind dabei,
   Wir führen scharfe Klingen und Patronen! Juchhei!

Drum frisch zum lust'gen Reigen! Ihr Frauen, nicht geweint!
Seht, wie am blauen Himmel die gold'ne Sonne scheint!
Bald lacht sie uns zum Siege, dann rächen wir mit Blut
An Louis und den Wälschen den frechen Frevelmuth.
   Juchheirassah! Juchhei! Wären wir nur erst dabei!
   Zum Rhein, ihr Brüder! Vorwärts! Nach Frankreich! Juchhei!

Landwehrmanns-Abschied.

Nach der Weise: Schier dreißig Jahre ꝛc.

Lebt wohl in Gottes Vaterhut,
Lieb Herzensweib und Kind.
Der Alte im Himmel droben
Wird uns schützen bei des Krieges Toben,
Wenn wir brave Deutsche sind.

   Frech schwingt der Wälschen Frevelmuth
Den wilden Kriegesbrand.
Drum hinaus vom heimischen Herde,
Laßt uns schützen unsre deutsche Erde,
Unser liebes Vaterland.

   Wir haben nicht den Krieg gesucht,
Für den Frieden haben wir geschafft.
Aber jetzt soll der alte Friedensbrecher
Bald erfahren den Zorn der Rächer,
Unsre deutsche Heldenkraft.

   Vom deutschen Reich hat er geraubt
Gar manche schöne Stadt.
Doch nun soll er, und gält' es unser Leben,
Uns beim Himmel, Alles wiedergeben,
Was er je gestohlen hat.

   O Straßburg mit dem Münsterthurm,
Du deutscher Edelstein!
Dich wollen wir wieder haben,
Und würden wir vor dir begraben,
Dazu den ganzen Rhein!

Ihr Kinder, hemmt der Thränen Lauf,
Macht mir das Herz nicht schwer.
Für Euch sorgt, der die Lilien bekleidet,
Wenn der Tod uns unerbittlich scheidet,
Daß ich nimmer wiederkehr'.

Drum frisch, ihr Brüder allzumal,
Zum Rhein und über den Rhein!
In acht Wochen weht von Notre-Dame
Unsre schwarz-weiß-rothe Siegesfahne.
Vorwärts marsch! Nach Frankreich hinein!